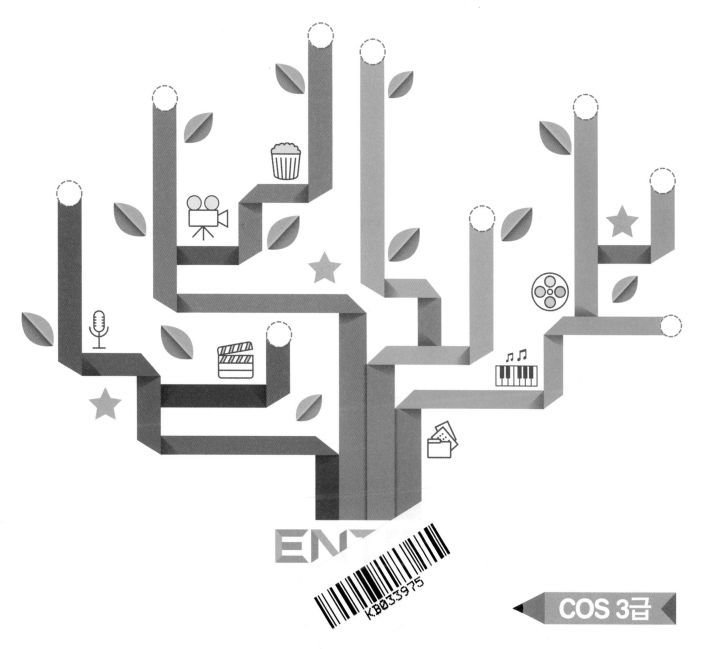

COS 3급

엔트리로
한 번에 끝내는 코딩자격증

김미순 · 박희정 저

YD 연두에디션
Edition

COS 3급

엔트리로 한 번에 끝내는 **코딩자격증**

발행일 2018년 3월 15일 초판 1쇄

지은이 김미순 · 박희정

감 수 박영란 · 한종석

펴낸이 심규남

기 획 염의섭 · 이정선

펴낸곳 연두에디션

주 소 경기도 고양시 일산동구 동국로 32 동국대학교 산학협력관 608호

등 록 2015년 12월 15일 (제2015-000242호)

전 화 031-932-9896

팩 스 070-8220-5528

ISBN 979-11-88831-06-7

정 가 15,000원

이 책에 대한 의견이나 잘못된 내용에 대한 수정정보는 연두에디션 홈페이지나 이메일로 알려주십시오.
독자님의 의견을 충분히 반영하도록 늘 노력하겠습니다.
홈페이지 www.yundu.co.kr

※ 잘못된 도서는 구입처에서 바꾸어 드립니다.

차 례

CHAPTER **04** 심화모의고사

APPENDIX 부록

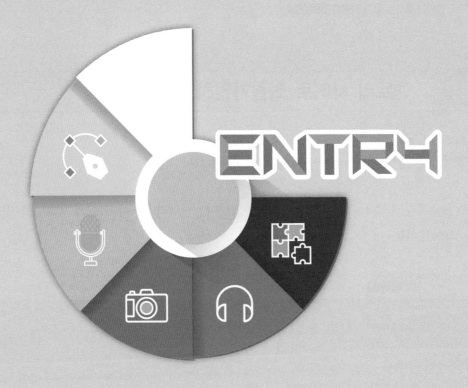

COS
자격증 소개

01 엔트리 사이트 회원가입하고 활용하기

01-01 엔트리(playentry.org) 접속하기

엔트리는 온라인 소프트웨어 교육 플랫폼입니다. 웹브라우저에서 프로그래밍을 공부할 수 있는 사이트이죠.

① 인터넷익스플로러 혹은 구글 크롬 브라우저를 실행합니다.

② 주소창에 playentry.org 이라고 주소를 입력합니다. 주소 입력이 어려운 경우에는 포탈 검색창에서 '엔트리'를 검색하세요.

01-02 엔트리 회원가입하기

① 이용약관 읽어 보고 학생인지 선생님인지 선택하세요.

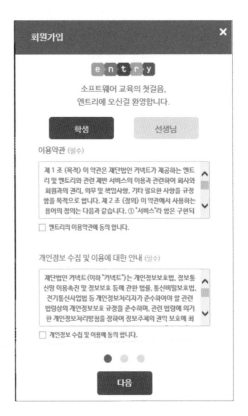

② 엔트리에서 사용할 아이디, 비밀번호 입력하세요. 비밀번호는 4~20자 영문 혹은 숫자만 입력 가능합니다.

③ 작품을 공유할 학년, 성별 입력하세요. 이메일
은 입력하지 않으셔도 됩니다.

④ 아래와 같은 화면이 보이세요? 회원 가입 완료
하였습니다. 로그인하여 다른 친구들과 엔트리
를 공부해 보세요.

01-03　엔트리 오프라인 다운로드 받기

(1) 사용범위

엔트리 오프라인은 기업과 개인 모두 제한 없이 무료로 사용하실 수 있습니다.

(2) 최소 요구사항

디스크 여유 공간 500MB 이상, windows7 혹은 MAC 10.8 이상

(3) 설치 전 참고 사항

별도의 웹브라우저가 필요하지 않습니다.

(4) 버전별 다운로드

버전1.6.1

※ 본 교재는 오프라인 1.6.1 버전에서 정상 실행됩니다.

02 엔트리 기본 화면

02-01 엔트리 기본 화면 구성 요소 알아보기

엔트리의 기본 화면에 대해 살펴 보겠습니다.

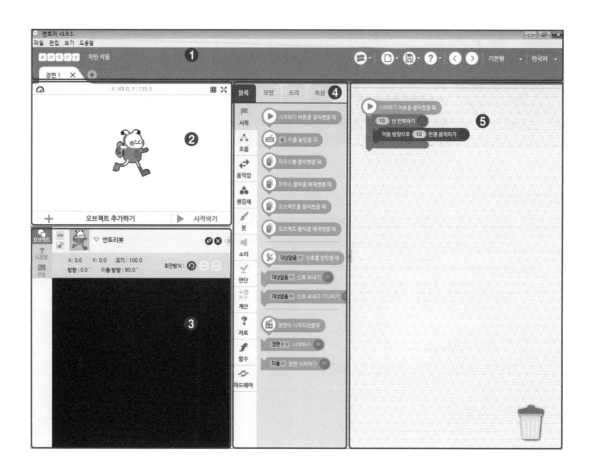

❶ **메뉴창 ▶** 새로만들기, 불러오기, 블록 도움말, 되돌리기, 다시 하기, 로그인, 회원가입, 장면 추가하기 등 의 작업을 진행할 수 있습니다.

❷ **장면 창 ▶** 엔트리 프로그램 실행 결과를 확인할 수 있습니다.

❸ **오브젝트 창 ▶** 엔트리 프로그램에서 내가 만든 오브젝트를 볼수 있습니다.

❹ **블록 꾸러미 ▶** 엔트리 프로그램을 만드는데 사용되는 블록들을 모아 놓은 곳입니다.

❺ **블록 조립소 ▶** 블록을 끼워 맞추어서 프로그램을 만들거나 수정하는 곳입니다.

02-02 구성 요소별 창 자세히 알아보기

02-02-01 실행화면 창

실제로 코딩한 결과를 확인할 수 있는 곳입니다.

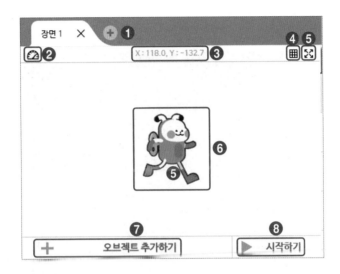

❶ 장면추가 ▸ 프로그램에 새로운 장면을 추가할 수 있습니다.

❷ 프로그램 실행 속도 조절 ▸ 작품이 실행되는 속도를 조절 할 수 있습니다. 오른쪽으로 갈수록 속도가 빨라집니다.

❸ 마우스포인터의 좌표 ▸ 실행 화면에서 마우스 포인트의 위치를 x(가로축)과 y축(세로축)의 좌표로 표시됩니다.

❹ 격자/좌표계 ▸ 화면에 격자와 좌표가 표시됩니다. 실행화면의 x축(가로축)은 '−240~240', y축(세로축)은 '−135~135'로 이루어져 있습니다.

❺ 전체 화면 ▸ 작품을 전체 화면으로 크게 볼수 있습니다.

❻ 오브젝트 ▸ 새로운 오브젝트(캐릭터, 사물, 글상자, 배경)를 화면에 추가할 수 있습니다.

❼ 오브젝트 추가 ▸ 새로운 오브젝트를 화면에 추가할 수 있습니다.

❽ 시작하기 ▸ 블록 조립소에 조립한 명령에 따라 작품의 실행을 시작하거나 정지할 수 있습니다.
　(시작하기와 정지하기 메뉴가 번갈아 표시됩니다.)

02-02-02 오브젝트 창

추가한 오브젝트의 목록이 나타납니다.

❶ 오브젝트 보이기/숨기기 ▶ 해당 오브젝트를 화면에 보이거나 숨기기를 할 수 있습니다.

❷ 오브젝트 잠그기/풀기 ▶ 해당 오브젝트를 수정 및 움직이지 못하도록 잠그거나 풀 수 있습니다

❸ 오브젝트 수정/삭제 ▶ 해당 오브젝트의 이름, 좌표, 크기, 방향 등을 수정하거나 삭제할 수 있습니다.

❹ 오브젝트 창 닫기 ▶ 해당 오브젝트 창을 닫습니다.

❺ 오브젝트 정보 창 ▶ 해당 오브젝트의 좌푯값, 크기를 표시합니다.

❻ 방향, 이동방향 ▶ 해당 오브젝트가 처음 상태에서 몇도 회전했는지, 이동할 때 진행하는 방향을 표시합니다.

❼ 회전방식 ▶ 해당 오브젝트의 돌리리/좌우로 뒤집기/고정 상태 등을 설정할 수 있습니다.

02-02-03 블록꾸러미

블록 꾸러미는 블록, 모양, 소리, 속성 총 4개의 메뉴로 구성되어 있습니다.

❶ 블록 ▶ 오브젝트를 움직일 수 있는 다양한 명령어 블록들이 있는 곳입니다.

　시작, 흐름, 움직임, 생김새, 붓, 소리, 판단, 계산, 자료, 함수, 하드웨어 등 11개 카테고리에 140여개의

　블록들이 있습니다.

❷ 모양 ▶ 오브젝트의 모양을 추가하거나 이름을 수정하고 복제하는 등의 작업을 할 수 있습니다.

❸ 소리 ▶ 오브젝트가 낼 소리를 관리하는 곳으로 새롭게 소리를 추가하거나 엔트리에서 기본적으로 제공하

　는 소리를 재생 버튼을 통해서 바로 들어볼 수도 있습니다.

❹ 속성 ▶ 코드에 관여하는 변수나 신호, 리스트, 함수를 추가할 수 있습니다.

❺ 영역 조절 ▶ 좌·우로 끌어 블록 꾸러미와 블록 조립소의 영역 화면 크기를 조절합니다.

02-02-04 블록조립소

블록 꾸러미에서 블록을 끌어와 블록 조립소에서 조립할 수 있습니다. 이렇게 조립된 블록
묶음을 코드라고 합니다.

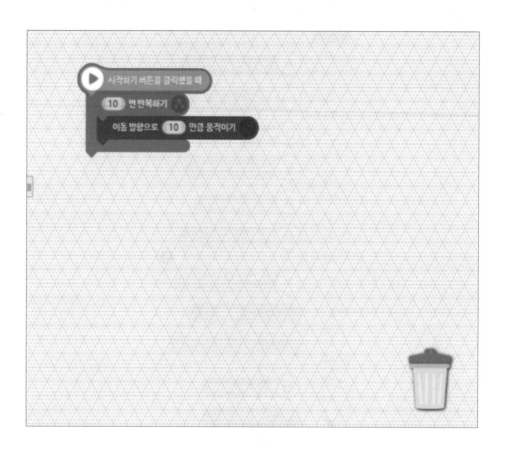

 TIP

 휴지통
필요없는 코드를 삭제할 수 있는 창입니다. 원하는 코드를 떼어서 휴지통으로 끌고 오면, 휴
지통 뚜껑이 열리면서 코드가 삭제됩니다. 코드 위에 마우스 오른쪽 버튼을 클릭하여 삭제할
수도 있습니다.

02-02-05 엔트리 블록 설명

  흐름	흐름 블록
2 초 기다리기	설정한 시간만큼 기다린 후 다음 블록을 실행합니다.
10 번 반복하기	설정한 횟수만큼 감싸고 있는 블록들을 반복 실행합니다.
계속 반복하기	감싸고 있는 블록들을 계속해서 반복 실행합니다.
참 이 될 때까지 반복하기 참 인 동안 반복하기	• 판단이 참이 될 때까지 감싸고 있는 블록들을 반복 실행합니다. • 판단이 참인 동안 감싸고 있는 블록들을 반복 실행합니다.
반복 중단하기	이 블록을 감싸는 가장 가까운 반복 블록의 반복을 중단합니다.
만일 참 이라면	만일 판단이 참이면, 감싸고 있는 블록들을 실행합니다.
만일 참 이라면 아니면	만일 판단이 참이면, 첫 번째 감싸고 있는 블록들을 실행하고, 거짓이면 두 번째 감싸고 있는 블록들을 실행합니다.
참 이(가) 될 때까지 기다리기	판단이 참이 될 때까지 실행을 멈추고 기다립니다.
모든 코드 멈추기 자신의 코드 멈추기 이 코드 멈추기 자신의 다른 코드 멈추기	• 모든: 모든 오브젝트의 코드가 실행을 멈춥니다. • 자신의: 해당 오브젝트의 모든 코드가 실행을 멈춥니다. • 이: 이 블록이 포함된 코드가 실행을 멈춥니다. • 자신의 다른: 해당 오브젝트의 코드 중 이 블록이 포함된 코드를 제외한 모든 코드가 실행을 멈춥니다.

흐름	흐름 블록
처음부터 다시 실행하기	작품을 처음부터 다시 실행합니다.
복제본이 처음 생성되었을때	해당 오브젝트의 복제본이 새로 생성되었을 때 아래에 연결된 블록들을 실행합니다.
자신▼의 복제본 만들기	선택한 오브젝트의 복제본을 생성합니다.
이 복제본 삭제하기	'복제본이 처음 생성되었을 때' 블록과 함께 사용하여 생성된 복제본을 삭제합니다.
모든 복제본 삭제하기	해당 오브젝트의 모든 복제본을 삭제합니다.

움직임	움직임 블록
이동 방향으로 10 만큼 움직이기	설정한 값만큼 오브젝트의 이동방향 화살표가 가리키는 방향으로 움직입니다.
화면 끝에 닿으면 튕기기	오브젝트가 화면 끝에 닿으면 튕겨져 나옵니다.
x 좌표를 10 만큼 바꾸기	오브젝트의 X좌표를 설정한 값만큼 바꿉니다.
y 좌표를 10 만큼 바꾸기	오브젝트의 Y좌표를 설정한 값만큼 바꿉니다.
2 초 동안 x: 10 y: 10 만큼 움직이기	오브젝트가 입력한 시간에 걸쳐 x와 y좌표를 설정한 값만큼 바꿉니다
x: 10 위치로 이동하기	오브젝트가 입력한 x좌표로 이동합니다. (오브젝트의 중심점이 기준이 됩니다.)
y: 10 위치로 이동하기	오브젝트가 입력한 y좌표로 이동합니다. (오브젝트의 중심점이 기준이 됩니다.)
x: 0 y: 0 위치로 이동하기	오브젝트가 입력한 x와 y좌표로 이동합니다. (오브젝트의 중심점이 기준이 됩니다.)
2 초 동안 x: 10 y: 10 위치로 이동하기	오브젝트가 입력한 시간에 걸쳐 지정한 x, y좌표로 이동합니다. (오브젝트의 중심점이 기준이 됩니다.)

움직임	움직임 블록
엔트리봇▼ 위치로 이동하기	오브젝트가 선택한 오브젝트 또는 마우스 포인터의 위치로 이동합니다. (오브젝트의 중심점이 기준이 됩니다.)
2 초 동안 엔트리봇▼ 위치로 이동하기	오브젝트가 입력한 시간에 걸쳐 선택한 오브젝트 또는 마우스 포인터의 위치로 이동합니다. (오브젝트의 중심점이 기준이 됩니다.)
방향을 90° 도 만큼 회전하기	오브젝트의 방향을 입력한 각도만큼 시계방향으로 회전합니다. (오브젝트의 중심점을 기준으로 회전합니다.)
이동 방향을 90° 도 만큼 회전하기	오브젝트의 이동 방향을 입력한 각도만큼 회전합니다.
2 초 동안 방향을 90° 만큼 회전하기	오브젝트의 방향을 입력한 시간에 걸쳐 입력한 각도만큼 시계방향으로 회전합니다. (오브젝트의 중심점을 기준으로 회전합니다.)
2 초 동안 이동 방향 90° 만큼 회전하기	해당 오브젝트의 이동방향을 입력한 시간에 걸쳐 입력한 각도만큼 시계방향으로 회전합니다.
방향을 90° 도로 정하기	해당 오브젝트의 방향을 입력한 각도로 정합니다.
이동 방향을 90° 도로 정하기	해당 오브젝트의 이동방향을 입력한 각도로 정합니다.
엔트리봇▼ 쪽 바라보기	해당 오브젝트가 다른 오브젝트 또는 마우스 포인터 쪽을 바라봅니다. 오브젝트의 이동방향이 선택된 항목을 향하도록 오브젝트의 방향을 회전해줍니다.
90° 방향으로 10 만큼 움직이기	설정한 각도 방향으로 입력한 값만큼 움직입니다. (실행화면 위쪽이 0도, 시계방향으로 갈수록 각도 증가)

생김새	생김새 블록
모양 보이기	오브젝트를 화면에 나타냅니다.
모양 숨기기	오브젝트를 화면에서 보이지 않게 합니다.
안녕! 을(를) 4 초 동안 말하기	오브젝트가 입력한 내용을 입력한 시간 동안 말풍선으로 말한 후 다음 블록이 실행됩니다.
안녕! 을(를) 말하기	오브젝트가 입력한 내용을 말풍선으로 말하는 동시에 다음 블록이 실행됩니다.

생김새	생김새 블록
말하기 지우기	오브젝트가 말하고 있는 말풍선을 지웁니다.
모양 (엔트리봇1) 로 바꾸기	오브젝트를 선택한 모양으로 바꿉니다. (내부 블록을 분리하면 모양의 번호를 사용하여 모양 선택 가능)
다음 모양으로 바꾸기	오브젝트의 모양을 다음 모양으로 바꿉니다.
색깔 효과를 10 만큼 주기 밝기 효과를 10 만큼 주기 투명도 효과를 10 만큼 주기	• 오브젝트에 색깔 효과를 입력한 값만큼 줍니다. 　(0~100을 주기로 반복됨) • 오브젝트에 밝기 효과를 입력한 값만큼 줍니다. 　(-100~100 사이의 범위, -100 이하는 -100으로 100 이상은 100으로 처리 됨) • 오브젝트에 투명도 효과를 입력한 값만큼 줍니다. 　(0~100 사이의 범위, 0이하는 0으로, 100 이상은 100으로 처리됨)
색깔 효과를 100 로 정하기 밝기 효과를 100 로 정하기 투명도 효과를 100 로 정하기	• 오브젝트의 색깔 효과를 입력한 값으로 정합니다. 　(0~100을 주기로 반복됨) • 오브젝트의 밝기 효과를 입력한 값으로 정합니다. 　(-100~100 사이의 범위, -100 이하는 -100으로 100 이상은 100으로 처리 됨) • 오브젝트의 투명도 효과를 입력한 값으로 정합니다. 　(0~100 사이의 범위, 0이하는 0으로, 100 이상은 100으로 처리됨)
효과 모두 지우기	오브젝트에 적용된 효과를 모두 지웁니다.
크기를 10 만큼 바꾸기	오브젝트의 크기를 입력한 값만큼 바꿉니다.
크기를 100 (으)로 정하기	오브젝트의 크기를 입력한 값으로 정합니다.
상하 모양 뒤집기	오브젝트의 상하 모양을 뒤집습니다.
좌우 모양 뒤집기	오브젝트의 좌우 모양을 뒤집습니다.
맨 앞으로 보내기 앞으로 보내기 뒤로 보내기 맨 뒤로 보내기	• 해당 오브젝트를 화면의 가장 앞쪽으로 가져옵니다. • 해당 오브젝트를 한 층 앞쪽으로 가져옵니다. • 해당 오브젝트를 한 층 뒤쪽으로 보냅니다. • 해당 오브젝트를 화면의 가장 뒤쪽으로 보냅니다.

붓	붓 블록
도장찍기	오브젝트의 모양을 도장처럼 실행화면 위에 찍습니다.
그리기 시작하기	오브젝트가 이동하는 경로를 따라 선이 그려지기 시작합니다. (오브젝트의 중심점이 기준)
그리기 멈추기	오브젝트가 선을 그리는 것을 멈춥니다.
붓의 색깔을 ■로 정하기	오브젝트가 그리는 선의 색을 선택한 색으로 정합니다.
붓의 색을 무작위로 정하기	오브젝트가 그리는 선의 색을 무작위로 정합니다.
붓의 굵기를 1 만큼 바꾸기	오브젝트가 그리는 선의 굵기를 입력한 값만큼 바꿉니다. (1~무한의 범위, 1 이하는 1로 처리)
붓의 굵기를 1 로 정하기	오브젝트가 그리는 선의 굵기를 입력한 값으로 정합니다. (1~무한의 범위, 1 이하는 1로 처리)
붓의 투명도를 10 % 만큼 바꾸기	오브젝트가 그리는 선의 투명도를 입력한 값만큼 바꿉니다. (0~100의 범위, 0이하는 0, 100 이상은 100으로 처리)
붓의 투명도를 50 % 로 정하기	오브젝트가 그리는 선의 투명도를 입력한 값으로 정합니다. (0~100의 범위, 0이하는 0, 100 이상은 100으로 처리)
모든 붓 지우기	해당 오브젝트가 그린 선과 도장을 모두 지웁니다.

가 글상자	글상자 블록
엔트리 라고 글쓰기	글상자의 내용을 입력한 값으로 고쳐씁니다.
엔트리 라고 뒤에 이어쓰기	글상자의 내용 뒤에 입력한 값을 추가합니다.
엔트리 라고 앞에 추가하기	글상자의 내용 앞에 입력한 값을 추가합니다.
텍스트 모두 지우기	글상자에 저장된 값을 모두 지웁니다.

소리	소리 블록
강아지 짖는소리 소리 재생하기	해당 오브젝트가 선택한 소리를 재생하는 동시에 다음 블록을 실행합니다.
강아지 짖는소리 소리 1 초 재생하기	해당 오브젝트가 선택한 소리를 입력한 시간만큼만 재생하는 동시에 다음 블록을 실행합니다.
소리 강아지 짖는소리 1 초 부터 10 초까지 재생하기	해당 오브젝트가 선택한 소리를 입력한 시간 부분만을 재생하는 동시에 다음 블록을 실행합니다.
강아지 짖는소리 소리 재생하고 기다리기	해당 오브젝트가 선택한 소리를 재생하고, 소리 재생이 끝나면 다음 블록을 실행합니다.
강아지 짖는소리 소리 1 초 재생하고 기다리기	해당 오브젝트가 선택한 소리를 입력한 시간만큼만 재생하고, 소리 재생이 끝나면 다음 블록을 실행합니다.
소리 강아지 짖는소리 1 초 부터 10 초까지 재생하고 기다리기	해당 오브젝트가 선택한 소리를 입력한 시간 부분만을 재생하고, 소리 재생이 끝나면 다음 블록을 실행합니다.
소리 크기를 10 % 만큼 바꾸기	작품에서 재생되는 모든 소리의 크기를 입력한 퍼센트만큼 바꿉니다.
소리 크기를 10 % 로 정하기	작품에서 재생되는 모든 소리의 크기를 입력한 퍼센트로 정합니다.
모든 소리 멈추기	현재 재생중인 모든 소리를 멈춥니다.

판단	판단 블록
마우스를 클릭했는가?	마우스를 클릭한 경우 '참'으로 판단합니다.
q 키가 눌러져 있는가?	선택한 키가 눌러져 있는 경우 '참'으로 판단합니다.
마우스포인터 에 닿았는가?	해당 오브젝트가 선택한 항목과 닿은 경우 '참'으로 판단합니다.

✔️ 판단	판단 블록
(10 = 10) (10 > 10) (10 < 10) (10 >= 10) (10 <= 10)	• = : 왼쪽에 위치한 값과 오른쪽에 위치한 값이 같으면 '참'으로 판단합니다. • > : 왼쪽에 위치한 값이 오른쪽에 위치한 값보다 크면 '참'으로 판단합니다. • < : 왼쪽에 위치한 값이 오른쪽에 위치한 값보다 작으면 '참'으로 판단합니다. • >= : 왼쪽에 위치한 값이 오른쪽에 위치한 값보다 크거나 같으면 '참'으로 판단합니다. • <= : 왼쪽에 위치한 값이 오른쪽에 위치한 값보다 작거나 같으면 '참'으로 판단합니다.
(참 > 그리고 참)	두 판단이 모두 참인 경우 '참'으로 판단합니다.
(참 > 또는 거짓)	두 판단 중 하나라도 참이 있는 경우 '참'으로 판단합니다.
(참 (이)가 아니다)	해당 판단이 참이면 거짓, 거짓이면 참으로 만듭니다.

＋－ ×÷ 계산	계산 블록
(10 + 10) (10 - 10) (10 x 10) (10 / 10)	• +: 입력한 두 수를 더한 값입니다. • –: 입력한 두 수를 뺀 값입니다. • x: 입력한 두 수를 곱한 값입니다. • /: 입력한 두 수를 나눈 값입니다.
(0 부터 10 사이의 무작위 수)	입력한 두 수 사이에서 선택된 무작위 수의 값입니다. (두 수 모두 정수를 입력한 경우 정수로, 두 수 중 하나라도 소수를 입력한 경우 소수로 무작위 수가 선택됩니다.)
(마우스 x 좌표)　(마우스 y 좌표)	마우스 포인터의 x 또는 y의 좌표 값을 의미합니다.
(엔트리봇 의 x 좌표값)　(엔트리봇 의 y 좌표값) (엔트리봇 의 방향)　(엔트리봇 의 이동방향) (엔트리봇 의 모양 번호)　(엔트리봇 의 모양 이름)	선택한 오브젝트 또는 자신의 각종 정보값(x좌표, y좌표, 방향, 이동방향, 크기, 모양번호, 모양이름)입니다.
(10 / 10 의 몫▼) (10 / 10 의 나머지▼)	• 몫: 앞의 수에서 뒤의 수를 나누어 생긴 몫의 값입니다. • 나머지: 앞의 수에서 뒤의 수를 나누어 생긴 나머지 값입니다.

![계산] 계산	계산 블록
10 의 제곱 10 의 루트 10 의 사인값 10 의 코사인값 10 의 탄젠트값 10 의 아크사인값 10 의 아크코사인값 10 의 아크탄젠트값 10 의 로그값 10 의 자연로그값 10 의 소수점 부분 10 의 소수점 버림값 10 의 소수점 올림값 10 의 반올림값 10 의 팩토리얼값 10 의 절대값	입력한 수에 대한 다양한 수학식의 계산값입니다.
초시계 값	이 블록이 실행되는 순간 초시계에 저장된 값입니다.
초시계 시작하기 초시계 정지하기 초시계 초기화하기	시작하기: 초시계를 시작합니다. 정지하기: 초시계를 정지합니다. 초기화하기: 초시계의 값을 0으로 초기화합니다. (이 블록을 블록조립소로 가져오면 실행화면에 '초시계 창'이 생성됩니다.)
초시계 숨기기 초시계 보이기	초시계 창을 화면에서 숨기거나 보이게 합니다.
현재 연도 현재 월 현재 일 현재 시각(시) 현재 시각(분) 현재 시각(초)	현재 연도, 월, 일, 시각과 같이 시간에 대한 값입니다.
엔트리봇 까지의 거리 마우스포인터 까지의 거리	자신과 선택한 오브젝트 또는 마우스 포인터 간의 거리 값입니다.
강아지 짖는소리 소리의 길이	선택한 소리의 길이(초) 값입니다.
엔트리 의 글자 수	입력한 문자값의 공백을 포함한 글자 수입니다.
안녕! 과(와) 엔트리 를 합치기	입력한 두 자료를 결합한 값입니다.
안녕, 엔트리! 의 1 번째 글자	입력한 문자/숫자값 중 입력한 숫자 번째의 글자 값입니다.
안녕, 엔트리! 의 2 번째 글자부터 5 번째 글자까지의 글자	입력한 문자/숫자 값에서 입력한 범위 내의 문자/숫자 값입니다.

`+□` `×÷` 계산	계산 블록
`안녕, 엔트리!` `에서` `엔트리` `의 시작 위치`	입력한 문자/숫자 값에서 지정한 문자/숫자 값이 처음으로 등장하는 위치의 값입니다. ('안녕, 엔트리!'에서 엔트리의 시작 위치는 5)
`안녕, 엔트리!` `의` `안녕` `을(를)` `반가워` `로 바꾸기`	입력한 문자/숫자 값에서 지정한 문자/숫자 값을 찾아 추가로 입력한 문자/숫자값으로 모두 바꾼 값입니다. (영문 입력시 대소문자를 구분합니다.)
`Hello, Entry!` `의 소문자` `Hello, Entry!` `의 대문자`	입력한 영문의 모든 알파벳을 대문자 또는 소문자로 바꾼 문자값을 의미합니다.

`?` 자료	자료 블록
`안녕!` `을(를) 묻고 대답 기다리기`	해당 오브젝트가 입력한 문자를 말풍선으로 묻고, 대답을 입력받습니다. (이 블록을 블록조립소로 가져오면 실행화면에 '대답 창'이 생성됩니다.)
`대답`	묻고 대답 기다리기에 의해 입력받은 값입니다.
`대답 보이기` `대답 숨기기`	실행화면에 있는 '대답 창'을 보이게 하거나 숨길 수 있습니다.
`변수` `값`	선택된 변수에 저장된 값입니다.
`변수` `에` `10` `만큼 더하기`	선택한 변수에 입력한 값을 더합니다.
`변수` `를` `10` `로 정하기`	선택한 변수의 값을 입력한 값으로 정합니다.
`변수` `변수` `보이기`	선택한 변수 창을 실행화면에 보이게 합니다.
`변수` `변수` `숨기기`	선택한 변수 창을 실행화면에서 숨깁니다.
`리스트` `의` `1` `번째 항목`	선택한 리스트에서 입력한 순서에 있는 항목 값을 의미합니다.
`10` `항목을` `리스트` `에 추가하기`	입력한 값이 선택한 리스트의 마지막 항목으로 추가됩니다.

? 자료	**자료 블록**
`1 번째 항목을 리스트 ▾ 에서 삭제하기`	선택한 리스트의 입력한 순서에 있는 항목을 삭제합니다.
`10 을(를) 리스트 ▾ 의 1 번째에 넣기`	선택한 리스트의 입력한 순서의 위치에 입력한 항목을 넣습니다. (입력한 항목의 뒤에 있는 항목들은 순서가 하나씩 밀려납니다.)
`리스트 ▾ 1 번째 항목을 10 (으)로 바꾸기`	선택한 리스트에서 입력한 순서에 있는 항목의 값을 입력한 값으로 바꿉니다.
`리스트 ▾ 항목 수`	선택한 리스트가 보유한 항목 개수 값입니다.
`리스트 ▾ 에 10 이 포함되어 있는가?`	선택한 리스트에 입력한 값을 가진 항목이 포함되어 있는지 확인합니다.
`리스트 리스트 ▾ 보이기`	선택한 리스트를 무대에 보이게 합니다.
`리스트 리스트 ▾ 숨기기`	선택한 리스트를 무대에서 숨깁니다.

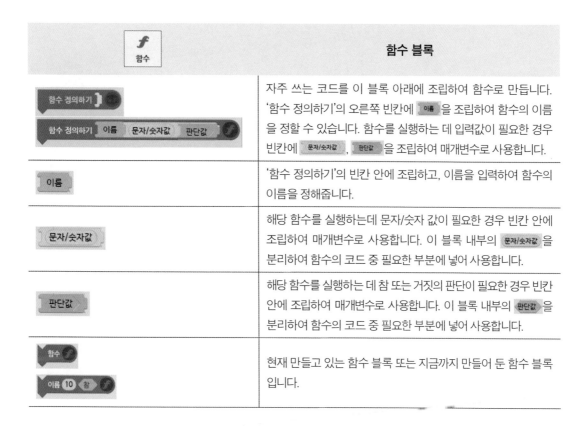

![함수]	함수 블록
![함수 정의하기] ![함수 정의하기 이름 문자/숫자값 판단값]	자주 쓰는 코드를 이 블록 아래에 조립하여 함수로 만듭니다. '함수 정의하기'의 오른쪽 빈칸에 ![이름] 을 조립하여 함수의 이름을 정할 수 있습니다. 함수를 실행하는 데 입력값이 필요한 경우 빈칸에 ![문자/숫자값] , ![판단값] 을 조립하여 매개변수로 사용합니다.
![이름]	'함수 정의하기'의 빈칸 안에 조립하고, 이름을 입력하여 함수의 이름을 정해줍니다.
![문자/숫자값]	해당 함수를 실행하는데 문자/숫자 값이 필요한 경우 빈칸 안에 조립하여 매개변수로 사용합니다. 이 블록 내부의 ![문자/숫자값] 을 분리하여 함수의 코드 중 필요한 부분에 넣어 사용합니다.
![판단값]	해당 함수를 실행하는 데 참 또는 거짓의 판단이 필요한 경우 빈칸 안에 조립하여 매개변수로 사용합니다. 이 블록 내부의 ![판단값] 을 분리하여 함수의 코드 중 필요한 부분에 넣어 사용합니다.
![함수] ![이름 10 참]	현재 만들고 있는 함수 블록 또는 지금까지 만들어 둔 함수 블록입니다.

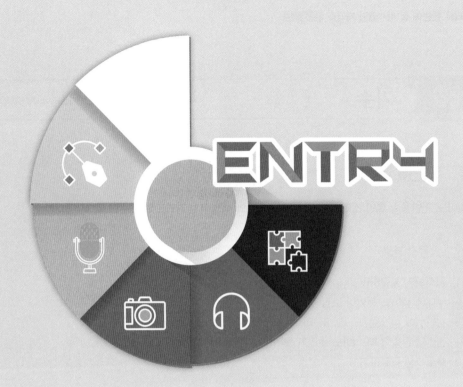

CHAPTER 01

오디션

01강 가수

예제파일 오디션-피아노로 연주하기.ent

 프로그램 설명

피아노 건반을 누르면 소리가 나고 건반의 크기와 색깔이 변경되도록 하는 프로그램입니다.

 동작 과정

1. 시작하기 클릭하면
→ 무대에 피아노 건반이 보입니다.
→ 건반위에 써 있는 도, 레, 미, 파, 솔, 라, 시, 도를 클릭합니다.
→ 건반을 클릭할 때 피아노 소리가 들리면서 건반 모양과 색깔이 바뀝니다.
2. 프로그램 종료하기

 코딩오브젝트   도

※ 지시사항

1) 오브젝트를 클릭했을 때
  ① 소리를 '피아노_04도'로 재생하기 하시오.
  ② 크기를 10만큼 바꾸기
  ③ 색깔 효과를 20만큼 바꾸기
  ④ 0.2초 기다리기
  ⑤ 크기를 -10만큼 바꾸기
  ⑥ 색깔효과를 -20만큼 주기

예제화면

완성화면

02강 게임창조

 예제파일 오디션-게임의 왕.ent

프로그램 설명

달리기 선수가 앞으로 가면서 동전에 닿으면 점수가 올라가고, 폭탄에 닿으면 생명력 숫자가 감소되다가 시간이 30초 후 멈추게 되는 프로그램입니다.

동작 과정

1. 시작하기를 클릭했을 때
   - → 달리기 선수가 달리기 시작하면서 하늘에서 동전과 폭탄이 임의로 떨어지기 시작합니다.
   - → 달리기 선수가 왼쪽화살표, 오른쪽 화살표, 스페이스키를 눌러 앞으로, 뒤로, 점프를 사용하여 동전에 닿을 수 있도록 하면 점수가 올라갑니다.
   - → 달리기 선수가 폭탄에 닿으면 생명력 변수의 점수가 감소됩니다.
   - → 생명력 점수가 0이 되면 점수 값의 숫자에 따라 신의단계, 귀족단계, 평민 단계, 하수단계가 화면에 표시됩니다.
2. 프로그램 종료

변수 설명

- 시간   : 게임 시간을 제한하는 변수입니다.
- 생명력 : 폭탄에 닿았을 때 감소되는 변수입니다.
- 점수   : 동전에 닿았을 때 증가되는 변수입니다.

코딩오브젝트   달리기 선수

※ 지시사항

■ **시작하기 버튼을 클릭했을 때**
   1) 다음 지시사항을 계속 반복하기 하시오.
   ① 다음 모양으로 바꾸기 하시오.
   ② 0.5초 기다리기 하시오.

코딩오브젝트   동전

※ 지시사항

■ **복제본이 처음 생성되었을 때**
   1) 다음 조건문을 완성 하시오.
   ① 만일 달리기 선수에 닿았는가? 라면

② '소리 피아노_08솔 재생하기 하시오.

③ 점수에 10만큼 더하기 하시오.

④ 0.2초 기다리기 하시오.

⑤ 이 복제본 삭제하기

예제화면

완성화면

03강 국악가

예제파일 오디션-국악가 복제하기.ent

 프로그램 설명

원하는 위치와 원하는 크기로 변경하여 복제할 수 있는 프로그램입니다.

 동작 과정

1. 시작하기를 클릭하면
   → 무대에 국악가 오브젝트가 마우스 위치에 따라 움직입니다.
   → 원하는 위치에 마우스 포인터를 위치 시킨 후 클릭을 하면 복제가 됩니다.
   → 키보드 위쪽, 아래쪽 화살표를 누르면 국악가 오브젝트 크기가 변경됩니다.
2. 프로그램 종료하기

 코딩오브젝트   국악가

※ **지시사항**

▣ **시작하기 버튼을 클릭했을 때**
   1) 다음 지시사항을 계속 반복하기 하시오
   ① 마우스 포인터 위치로 이동하기 하시오.
▣ **마우스를 클릭했을 때**
   ① 도장찍기 하시오.

예제화면

완성화면

04강 리듬댄스게임

 예제파일   오디션-리듬댄스게임.ent

 프로그램 설명

리듬댄서가 미로를 통과하는 프로그램입니다.

 동작 과정

1. 시작하기를 클릭하면
   → 리듬댄서가 미로의 출발위치에서 있다가 왼쪽, 오른쪽 화살표를 사용하여 꽃다발이 있는 위치로 이동합
   니다.
   → 미로 오브젝트에 닿았을 때 처음 위치로 이동됩니다.
2. 프로그램 종료하기

 코딩오브젝트   리듬댄서

※ 지시사항

■ **왼쪽 화살표 키를 눌렀을 때**

1) 다음 지시사항을 순서대로 작성하시오.
   ① 이동방향을 270도로 정하기 하시오.
   ② 이동 방향으로 10만큼 움직이기 하시오.
2) 만일 미로에 닿았을 때 다음 지시사항을 작성하시오.
   ① x:-210 y:100 위치로 이동하기 하시오.

예제화면

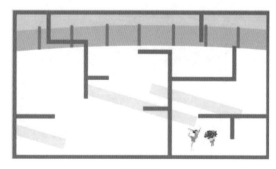

완성화면

05강   슈퍼모델

 예제파일 오디션-콘서트장에서 드라마세트장으로 무대 바꾸기.ent

 프로그램 설명

다음무대, 이전무대 텍스트를 클릭하여 원하는 장면으로 바꾸어 주는 프로그램입니다.

 동작 과정

1. 시작하기를 클릭하면
    → 다음무대 텍스트가 있는 락커가 노래하는 무대가 보입니다.
    → 다음무대를 클릭하면 카메라 앞에 있는 슈퍼모델 무대가 보입니다.
    → 이전무대 텍스트를 클릭하며 락커가 노래하는 무대가 다시 보입니다.

 코딩오브젝트   다음그림

※ 지시사항

1. 오브젝트를 클릭했을 때
    ① 다음 장면 시작하기

예제화면

완성화면

06강 영화배우

⏱ 예제파일 오디션-뮤지컬.ent

 프로그램 설명

뮤지컬 무대에 해적, 마녀, 램프요정, 난쟁이 배우들이 숨어 있다가 뮤지컬이 시작되면 한명씩 소개하는 프로그램입니다.

 동작 과정

1. 시작하기를 클릭했을 때
    → 배우들이 없는 텅빈 무대가 보입니다.
    → 해적, 마녀, 램프요정, 난쟁이 들이 임의의 시간대로 보이기 후 인사한 다음에 사라지기를 반복합니다.
2. 프로그램 종료하기

 코딩오브젝트   램프 요정

※ 지시사항

■ **시작하기를 클릭했을 때**

1) 다음 지시사항을 순서대로 완성하시오.
    ① 모양을 숨기기 하시오.
2) 다음 지시사항을 계속 반복하기 하시오.
    ① 2부터 5 사이의 무작위 수 초 기다리기 하시오.
    ② 모양 보이기 하시오.
    ③ 난 램프의 요정 지니! 를 3초 동안 말하기 한 후 2초 기다리기 하시오.
    ④ 모양 숨기기 하시오.

예제화면

완성화면

07강 창업스타

예제파일 오디션–편의점에서 물건 팔기.ent

 프로그램 설명

편의점에 진열되어 있는 물건들을 클릭하면 쇼핑 목록에 입력되는 프로그램입니다.

 동작 과정

1. 시작하기를 클릭했을 때
    → 편의점 쇼핑 할 물건들을 클릭하기 합니다.
    → 클릭하기 후 쇼핑할 물건들이 사라지면서 쇼핑목록에 물건의 이름들이 입력됩니다.
2. 프로그램 종료하기

 코딩오브젝트   파인 애플

※ 지시사항

■ **오브젝트를 클릭했을 때**

1) 나음 시시사항을 순서대로 완성하시오.
    ① 파인애플의 1번째 글자부터 4번째 글자까지의 글자 항목을 쇼핑목록에 추가하기
    ② 크기를 5만큼 바꾸고 0.5초 기다리기
    ③ 투명도 효과를 100만큼 주기

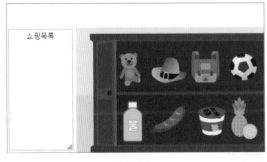

예제화면

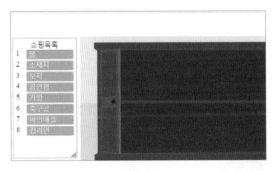

완성화면

08강 쿠킹

예제파일 오디션–음식 모양대로 도형 그리기.ent

 프로그램 설명

무대에 도넛, 치즈, 초콜릿 오브젝트를 클릭하면 수저가 해당 음식의 모양을 그려주는 프로그램입니다.

 동작 과정

1. 시작하기를 클릭했을 때
   → 도넛을 클릭하기 합니다.
   → 무대의 수저가 원을 그려 줍니다.
   → 로봇청소기를 클릭하면 그려진 원이 지워집니다.
2. 프로그램 종료하기

 코딩오브젝트   도넛

※ 지시사항

■ **오브젝트를 클릭했을 때**

1) 다음 지시사항을 순서대로 완성하시오.
   ① 원 신호 보내기 하시오.

 코딩오브젝트   수저

※ 지시사항

■ **원 신호를 받았을 때**

1) 다음 지시사항을 360번 반복하기 하시오.
   ① 이동방향으로 1만큼 움직이기 하시오.
   ② 이동방향을 1도 만큼 회전하기 하시오.

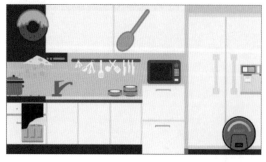

예제화면

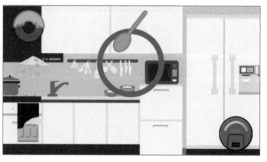

완성화면

09강 락커

 예제파일 오디션–락커가수와 드럼연주하기

 프로그램 설명

무대에 락커 가수가 기타를 치고 드럼들을 드럼채로 클릭하면 드럼 소리가 들리면서 연주가 시작되는 프로그램입니다.

 동작 과정

1. 시작하기를 클릭했을 때
   → 락커가수가 기타를 치면 드럼채가 마우스를 따라다닙니다.
   → 드럼채로 여러 종류의 드럼을 클릭하면 모양이 커지면서 드럼 소리가 연주됩니다.
2. 프로그램 종료하기

 코딩오브젝트   드럼–플러어탐탐

※ 지시사항

■ **시작하기 버튼을 클릭했을 때**

1) 다음 지시사항을 순서대로 계속 반복하기 하시오.
   ① 만일 마우스를 클릭했는가? 그리고 드럼채에 닿았는가? 이라면
   ② 소리를 드럼 플로어 탐탐으로 재생하기 하시오.
   ③ 크기를 10만큼 바꾸기 하고 0.1초 기다리기 하시오.
   ④ 크기를 –10만큼 바꾸기 하시오.

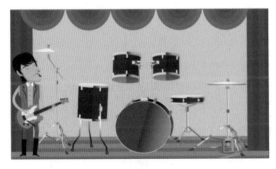

예제화면

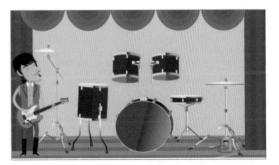

완성화면

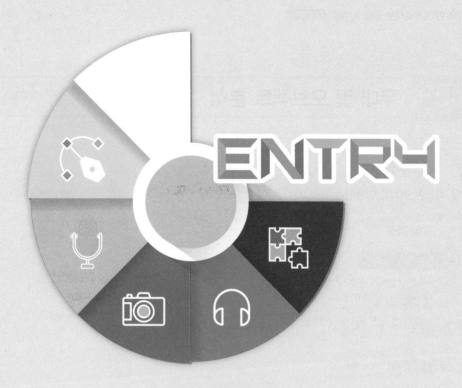

CHAPTER 02

완벽분석

10강   무대 및 오브젝트 분석

 프로그램 설명

집을 지정한 위치로 이동하는 프로그램입니다.

 동작 과정

1. ▶ 시작하기 버튼을 클릭했을 때

   → x : −74, y : −21 위치로 이동합니다.

   → 1초를 기다립니다.

   → x : 131, y : −55 위치로 이동합니다.

 코딩오브젝트   집

※ 지시사항

■ ▶ 시작하기 버튼을 클릭했을 때

1) 집 오브젝트 모양에 시작하기 버튼을 클릭했을때 순서대로 동작하도록 블록을 완성하시오.

   ① 집 오브젝트 위치를 x : −74, y : −21 위치로 이동하시오.

   ② 1초를 기다리시오.

   ③ x : 131, y : −55 위치로 이동하시오.

※ 유의사항

지시사항에서 설명한 블록만 이용하시오.

◉ 예제파일 예제화면 – 완벽분석 – 01

◉ 완성파일 완성화면 – 완벽분석 – 01

11강　이벤트 연결

 프로그램 설명

스케이트 엔트리봇이 꽃밭을 뛰어다니다 고추잠자리와 부딪히면 모두 멈추는 프로그램입니다.

 동작 과정

1. ▶ 시작하기 버튼을 클릭했을 때
   → 스케이트 엔트리봇이 다른 모양으로 모양을 바꾸면서 화면 끝에 닿으면 팅기면서 좌우로 움직임을 반복합니다.
   → 스케이트 엔트리봇이 고추잠자리랑 부딪히면 모두 멈춥니다.
2. 프로그램 종료하기

 코딩오브젝트　스케이트 엔트리봇

※ 지시사항

■ ▶ 시작하기 버튼을 클릭했을 때

1) 고추잠자리에 닿았으며 다음 지시사항의 블록을 완성하시오.
   ① 모든 코드 멈추기

※ 유의사항

지시사항에서 설명한 블록만 이용하시오.

예제파일　예제화면 – 완벽분석 – 02

완성파일　완성화면 – 완벽분석 – 02

12강　변수 활용

 프로그램 설명

엔트리봇이 주어진 시간 안에 단어를 맞추는 프로그램 중 일부입니다.

 동작 과정

1. ▶ 시작하기 버튼을 클릭했을 때
   - → 엔트리봇이 '단어 맞추기 게임입니다.'라고 말을 합니다.
   - → 대답=1이면 '코끼리를 영어로 입력하세요.'라고 말합니다.
   - → 대답=2이면 '사자를 영어로 입력하세요.'라고 말합니다.
   - → 대답=3이면 '펭귄를 영어로 입력하세요.'라고 말합니다.

 변수 설명

- 시간 : 1초가 지나면 시간이 1초씩 감소하는 변수입니다.

 코딩오브젝트　엔트리봇

※ **지시사항**

■ ▶ 시작하기 버튼을 클릭했을 때

1) 시간 변수를 '20'으로 정하기 하시오.
2) 시간이 0이 될 때까지 다음을 반복하시오.
   ① 1초 기다리기
   ② 시간에 −1만큼 더하기

※ **유의사항**

지시사항에서 설명한 블록만 이용하시오.

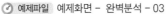

🕐 예제파일　예제화면 – 완벽분석 – 03

🕐 완성파일　완성화면 – 완벽분석 – 03

13강 특수기능 활용

 프로그램 설명

나비와 고추잠자리가 화살표을 클릭하면 크기를 변화 시키는 프로그램입니다.

 동작 과정

1. 시작하기 버튼을 클릭했을 때
2. 고추잠자리가 보입니다.
   ① 고추잠자리가 X : 200에서 −200의 무작위 수, Y : 100에서 −100 무작위 수로 이동합니다.
   ② 위쪽 화살표를 누르면 고추잠자리가 커지고 아래쪽 화살표를 누르면 고추잠자리가 작아집니다.
   ③ 스페이스키를 누르면 고추잠자리가 다른 모양으로 바뀝니다.
3. 나비가 보입니다.
   ① 마우스 포인터 위치로 계속 이동합니다.
   ② 위쪽 화살표를 누르면 나비가 커지고 아래쪽 화살표를 누르면 나비가 작아집니다.
   ③ 스페이스키를 누르면 나비가 다른 모양으로 바뀝니다.

 코딩오브젝트   나비

※ 지시사항

■ **시작 메시지를 받았을 때**
   1) 마우스 포인터 위치로 이동하기를 계속 반복하시오.

■ **위쪽 화살표 키를 눌렀을 때**
   1) 크기를 10만큼 바꾸시오.

■ **스페이스키를 눌렀을 때**
   1) 다음모양으로 바꾸시오.

■ **아래쪽 화살표 키를 눌렀을 때**
   1) 크기를 −10만큼 바꾸시오.

※ 유의사항

지시사항에서 설명한 블록만 이용하시오.

예제파일 예제화면 – 완벽분석 – 04

완성파일 완성화면 – 완벽분석 – 04

14강 반복문 작성

 프로그램 설명

개나리반 선수를 저장하는 리스트를 생성하는 프로그램입니다.

 동작 과정

1. 시작하기 버튼을 클릭했을 때

   1) 운동회 설명을 합니다.
   2) 달리기 시합에 출전할 선수를 입력합니다.
   3) 입력한 선수 이름을 리스트에 추가합니다.
   4) 출발을 말하고 출발 신호를 보냅니다.

 코딩오브젝트   돼지

※ 지시사항

■ **시작하기 버튼을 클릭했을 때**
   1) 다음 지시사항을 순서대로 작성하시오.
   ① 강아지 항목을 개나리반에 추가하기
   ② 곰 항목을 개나리반에 추가하기
   ③ 출발~을 2초 동안 말하기
   ④ 출발 신호 보내기

※ 유의사항

지시사항에서 설명한 블록만 이용하시오.

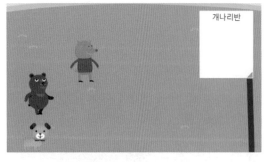

⏱ 예제파일 예제화면 – 완벽분석 – 05

⏱ 완성파일 완성화면 – 완벽분석 – 05

15강 조건문 작성

 프로그램 설명

로켓이 포탄을 발사하여 열기구를 맞히는 프로그램입니다.

 동작 과정

1. ▶ 시작하기 버튼을 클릭했을 때

　→ 로켓이 열기구를 향해 포탄을 발사합니다.

　→ 열기구는 좌우로 움직여 포탄을 피합니다.

　→ 열기구를 맞히면 횟수를 '1'만큼 더하기 합니다.

　→ 횟수 값이 3이면 열기구1 모양으로 바꾸고 횟수 값이 6이 되면 열기구2 모양으로 바꾸고 모든 코드를 멈추기 하시오.

2. 프로그램 종료하기

 변수 설명

● 횟수 : 로켓이 포탄을 쏴 열기구를 맞히면 +1씩 증가하는 변수입니다.

 코딩오브젝트　열기구

※ 지시사항

■ 다음을 순서대로 반복하기 하시오.

　1. 만약에 포탄에 닿으면 횟수를 '1'만큼 더하시오.

　2. 만약에 횟수가 3이라면 열기구1 모양으로 바꾸시오.

　3. 만약에 횟수가 6이라면 열기구2 모양으로 바꾸고 모든 코드 멈추시오.

※ 유의사항

지시사항에서 설명한 블록만 이용하시오.

ⓐ 예제파일　예제화면 – 완벽분석 – 06

ⓐ 완성파일　완성화면 – 완벽분석 – 06

16강   블록 오류 수정

 프로그램 설명

늦잠을 잔 슬픈 다람쥐 앞에 버스가 도착하는 프로그램입니다.

 동작 과정

1. 시작하기 버튼을 클릭했을 때
2. 슬픈다람쥐가 학교에 늦었다고 말을 합니다.
3. 버스가 슬픈 다람쥐 앞에 도착합니다.

 코딩오브젝트   고양이 버스

※ 지시사항

1. 고양이 버스가 슬픈다람쥐 앞에 도착해야 하는데(왼쪽으로 움직여야 함) 뒤로 움직이면서 화면 오른쪽으로 사라집니다.
2. 잘못된 블록을 수정하시오.

※ 유의사항

지시사항에서 설명한 블록만 이용하시오.

예제파일 예제화면 – 완벽분석 – 07

완성파일 완성화면 – 완벽분석 – 07

17강   명령블록 배치

 프로그램 설명

놀부가 화살표를 이용하여 도깨비를 피해 다니는 프로그램입니다.

 동작 과정

1. ▶ 시작하기 버튼을 클릭했을 때

   ① 놀부는 도깨비를 피하여 왼쪽, 오른쪽, 아래쪽, 위쪽 화살표를 누르면 다음 모양으로 바꾸면서 움직이기
   ② 도깨비는 초시계 시작하기   ③ 크기를 70으로 바꾸기
   ④ x : −200, y : −85 위치로 이동하기   ⑤ 놀부잡기 함수 실행하기

 코딩오브젝트   도깨비

※ 지시사항

■ **놀부잡기 함수에 대해 아래와 같이 정의하시오**

1. 놀부에 닿을때까지 다음을 반복하시오.
    1.1. 놀부쪽 바라보기
    1.2. 이동 방향으로 1만큼 움직이기
2. 종료 신호 보내기

※ 유의사항

지시사항에서 설명한 블록만 이용하시오.

■ **엔트리에서 함수정의하기**

속성 → 함수옆의
연필모양 클릭

함수 정의하기
코딩하기 확인 클릭

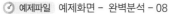

🕐 예제파일 예제화면 – 완벽분석 – 08   🕐 완성파일 완성화면 – 완벽분석 – 08

18강   블록 최적화

 프로그램 설명

마술사가 마술을 부리면 비치볼이 아래로 한번 위로 한번 튕기는 프로그램입니다.

 동작 과정

1. 시작하기 버튼을 클릭했을 때
    → 마술사가 '움직여라 얏'을 말합니다.
    → 무대에 농구공이 보입니다.
    → 스페이스 키를 누르면 농구공이 아래로 내려갔다 다시 올라오고 농구공이 위로 올라갔다 다시 내려옵니다.
2. 프로그램 종료하기

 코딩오브젝트   농구공

※ 지시사항

■ **스페이스키를 눌렀을 때**

1) 다음 지시사항을 순서대로 블록을 완성하시오.
1. 2초 기다리기
2. 다음을 3번 반복하시오.

    2.1. y좌표를 50만큼 바꾸기   2.2. 1초 기다리기   2.3. y좌표를 −50만큼 바꾸기

    2.4. 1초 기다리기   2.5. y좌표를 −50만큼 바꾸기   2.6. 1초 기다리기

    2.7. y좌표를 50만큼 바꾸기

※ 유의사항

지시사항에서 설명한 블록만 이용하시오.

- `y 좌표를 10 만큼 바꾸기` 오브젝트의 Y좌표를 설정한 값만큼 바꿉니다.
- x좌표 : 왼쪽, 오른쪽, y좌표 : 위, 아래쪽 값을 설정합니다.

예제파일 예제화면 – 완벽분석 – 09   완성파일 완성화면 – 완벽분석 – 09

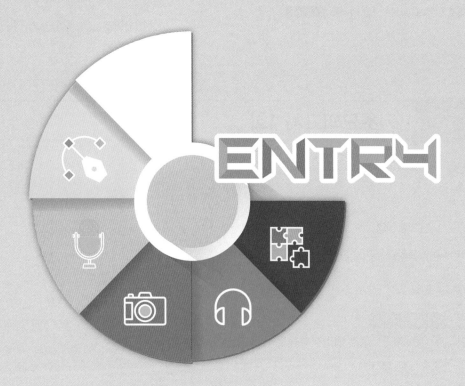

CHAPTER 03

기초
모의고사

기초모의고사 1회

1

 프로그램 설명

크리스마스트리를 꾸미는 프로그램입니다.

 동작 과정

1. 시작하기 버튼을 클릭했을 때
2. 세 가지 장식품(종1, 종2, 체리)가 각각 2개씩 트리에 장식합니다.
3. 장식품(종1, 종, 체리)을 지정한 크기로 지정합니다.
4. 프로그램 종료하기

 코딩오브젝트   각 오브젝트

※ 지시사항

■ **시작하기 버튼을 클릭했을때**

  1) 종1 오브젝트를 좌표 x: '17', y: '73'에 위치시키시오.
  2) 종2 오브젝트를 좌표 x: '63', y: '79'에 위치시키시오.
  3) 체리 오브젝트를 좌표 x: '126', y: '85'에 위치시키시오.
  4) 종1 오브젝트의 크기를 30으로 정하시오.
  5) 종2 오브젝트의 크기를 30으로 정하시오.
  6) 체리 오브젝트의 크기를 30으로 정하시오.

※ 유의사항

지시사항에서 설명한 블록만 이용하시오.

예제파일 기초모의고사 1회 01

완성파일 기초모의고사 1회 01

2

프로그램 설명

호랑이가 달려들어 지푸라기집을 무너뜨리는 프로그램입니다.

동작 과정

1. 호랑이는
    → 호랑이가 사나운 호랑이 1 모습으로 모양이 바뀌고 1초를 기다린 후 사나운 호랑이 3 모양으로 바뀝니다.
    → 스페이스 키를 눌렀을 때 사나운 호랑이 3 모양으로 바꾸고 입바람 신호를 보냅니다.
2. 집은 입바람 신호를 받았을 때
    → 흔들리는 집에서 무너진 집으로 모양을 바꿉니다.
3. 프로그램 종료하기

코딩오브젝트   집

※ 지시사항

■ '입바람' 신호를 받았을 때 다음을 순서대로 작성하시오.
    1) '1'초 기다리시오.
    2) 흔들리는 집으로 모양 바꾸시오.
    3) '1'초 기다리시오.
    4) 무너진 집으로 모양 바꾸시오.

※ 유의사항

지시사항에서 설명한 블록만 이용하시오.

예제파일 기초모의고사 1회 02

완성파일 기초모의고사 1회 02

3

 프로그램 설명

새가 빵조각을 먹는 프로그램입니다.

 동작 과정

1. 🏴 클릭하면
    → 빵조각이 무작위의 위치에 보입니다.
    → 방향키(←, ↑, →, ↓)를 누르면 까마귀가 움직입니다.
    → 스페이스 키를 누르면 까마귀가 빵조각을 먹습니다.
    → 까마귀가 빵조각을 모두 먹으면 먹은 빵의 개수가 올라가고, 무작위의 위치에 빵조각이 나타납니다.
2. 프로그램 종료하기

 코딩오브젝트　　까마귀

※ 지시사항

■ **왼쪽 화살표 키를 눌렀을 때**
　1) y좌표를 −3만큼 바꾸기
　2) 왼쪽까마귀1 모양으로 바꾸기
　3) 0.1초 기다리기
　4) 왼쪽까마귀2 모양으로 바꾸기

■ **오른쪽 화살표 키를 눌렀을 때**
　1) y좌표를 −3만큼 바꾸기
　2) 오른쪽까마귀1 모양으로 바꾸기
　3) 0.1초 기다리기
　4) 오른쪽까마귀2 모양으로 바꾸기

지시사항대로 코딩할 경우 왼쪽 화살표 키를 누르면 까마귀가 왼쪽, 오른쪽 화살표 키를 누르면 까마귀가 오른쪽으로 움직여야 하는데 반대로 움직이고 있습니다. 까마귀가 올바르게 움직일 수 있도록 블록을 수정하시오.

※ 유의사항

지시사항에서 설명한 블록만 이용하시오.

⏱ 예제파일 기초모의고사 1회 03　　　　⏱ 완성파일 기초모의고사 1회 03

프로그램 설명

확성기를 클릭하면 원숭이가 결승선을 향해 달리는 프로그램의 일부입니다.

 동작 과정

1.

2. 무대에 보이는 확성기를 클릭합니다.

   → 원숭이가 결승선을 향해 달립니다.

   → 원숭이가 결승선에 도착하면 원숭이 멈춥니다.

   → 원숭이가 도착!을 말합니다.

3. 프로그램 종료하기

코딩오브젝트   원숭이

※ 지시사항

■ **원숭이달리기 신호를 받았을 때**

  1) 결승선에 닿을때까지 다음을 순서대로 반복하시오.

  → 이동방향으로 '−10'만큼 바꾸시오.

  → 다음 모양으로 바꾸시오.

  → '0.1'초 기다리시오.

  2) 만일 결승선에 닿았다면

  → 도착!을 말하시오.

※ 유의사항

지시사항에서 설명한 블록만 이용하시오.

⏱ 예제파일 기초모의고사 1회 04   ⏱ 완성파일 기초모의고사 1회 04

5

프로그램 설명

대상과 인원수에 따라 우주선 안의 산소가 고갈되는 시간을 계산하는 프로그램입니다.

동작 과정

1. 시작하기 버튼을 클릭했을 때

   → 현재 산소량을 입력합니다.   → 남자수를 입력합니다.

   → 여자수를 입력합니다.   → 산소가 고갈되는 시간을 계산합니다.

   → 고양이가 고갈시간을 반올림하여 계산결과를 말합니다.

2. 프로그램 종료하기

변수 설명

- 고갈시간 : 산소가 고갈되는 시간을 계산하여 저장하는 변수입니다.
- 산소량 : 산소량을 입력받아 저장하는 변수입니다.
- 문자1 : '산소 고갈시간은'이라는 문자를 저장하고 있는 변수입니다.
- 문자2 : '분 입니다' 이라는 문자를 저장하고 있는 변수입니다.
- 남자수 : 남자수를 입력받아 저장하는 변수입니다.
- 여자수 : 여자수를 입력받아 저장하는 변수입니다.

코딩오브젝트   엔트리봇

※ 지시사항

■ **시작하기 버튼을 클릭했을때**

   1) 엔트리봇 오브젝트를 숨기시오.   2) 질문 신호 보내기
   3) 엔트리봇 오브젝트의 좌표를 x: '-58', y: '-59'에 위치로 이동하시오.
   4) 엔트리봇 오브젝트를 보이게 하시오.

※ 유의사항

보기블록 오브젝트에 주어진 블록만 이용하시오.

예제파일 기초모의고사 1회 05   완성파일 기초모의고사 1회 05

프로그램 설명

키커가 공을 차면 골키퍼가 공을 잡기 위해 움직이는 프로그램의 일부분입니다.

동작 과정

1. 시작하기 버튼을 클릭했을 때
   → 무대의 신호 변수에 'Shoot'이 표시되면
   → 키커가 공을 차도록 '스페이스키'를 누릅니다.
   → 골키퍼가 공을 잡기 위해 세 방향(왼쪽, 중앙, 오른쪽) 중 무작위의 한 방향으로 움직입니다.
2. 프로그램 종료하기

변수 설명

- 신호
  '3', '2', '1', '출발' 순서로 키커가 공을 찰 시기를 알려주는 변수입니다.
- 차는방향
  '1' – 공을 골대 왼쪽으로 보내기   '2' – 공을 골대 중앙으로 보내기
  '3' – 공을 골대 오른쪽으로 보내기

코딩오브젝트   축구공

※ 지시사항

■ Shoot 함수에 대해 아래와 같이 정의하시오.
   → 맨앞으로 보내기   → 만일 차는 방향 값이 1이라면
   → 1초동안 x : 34, y : 100만큼 움직이기   → 만일 차는 방향 값이 2이라면
   → 1초동안 x : 2, y : 100만큼 움직이기   → 만일 차는 방향 값이 3이라면
   → 1초동안 x : 43, y : 100만큼 움직이기

※ 유의사항

지시사항에서 설명한 블록만 이용하시오.

예제파일 기초모의고사 1회 06

완성파일 기초모의고사 1회 06

7

 프로그램 설명

연필심의 색을 바꾸는 프로그램입니다.

 동작 과정

1. 시작하기 버튼을 클릭했을 때
2. 'C'를 누르면 연필심의 색(빨강, 파랑, 검정)이 바뀝니다.
   → 마우스를 움직이면 해당 색상의 선이 그려집니다.
3. 프로그램 종료하기

 변수 설명

● 색 : 연필의 색을 지정하기 위해 사용하는 변수입니다.

 코딩오브젝트   색

※ **지시사항**

■ **'C'키를 눌렀을때**

   1) 색 오브젝트를 다음 모양으로 바꾸시오.
   2) 색 변수를 '1'만큼 더하시오.
   3) 만약 색 변수 값이 '4'라면 색 변수를 '1'로 정하시오.
   4) 색변경 신호를 보내시오.

※ **유의사항**

보기블록 오브젝트에서 주어진 블록만 이용하시오.

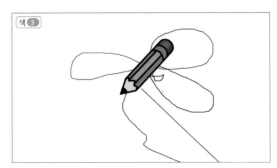

⏱ 예제파일 기초모의고사 1회 07   ⏱ 완성파일 기초모의고사 1회 07

8

 프로그램 설명

선택한 속도에 따라 말이 움직이는 프로그램입니다.

 동작 과정

1. 시작하기 버튼을 클릭했을 때
2. 세 개의 속도('상', '중' '하')중에서 원하는 속도 한 개를 선택합니다.
   → 선택한 속도에 따라 말이 움직입니다.
3. 프로그램 종료하기

 변수 설명

● 속도 : 말이 움직이는 속도를 정하는 변수입니다.

 코딩오브젝트　말

※ 지시사항

■ '이동' 신호를 받았을 때
   1) 다음 세 조건을 수행하도록 블록을 완성하시오.
   ① 만약 속도 변수가 '상'이면 아래 조건을 30번 반복하시오.
   　　→ 0.2초 기다리시오.　　　　→ 다음 모양으로 바꾸시오.　　　→ x좌표를 10만큼 바꾸시오.
   ② 만약 속도 변수가 '중'이면 아래 조건을 30번 반복하시오.
   　　→ 0.5초 기다리시오.　　　　→ 다음 모양으로 바꾸시오.　　　→ x좌표를 10만큼 바꾸시오.
   ③ 만약 속도 변수가 '하'이면 아래 조건을 30번 반복하시오.
   　　→ 1초 기다리시오.　　　　→ 다음 모양으로 바꾸시오.　　　→ x좌표를 10만큼 바꾸시오.

※ 유의사항

지시사항에서 설명한 블록만 이용하시오.

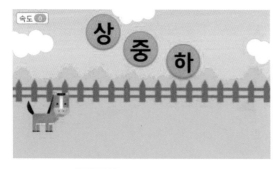

예제파일 기초모의고사 1회 08

완성파일 기초모의고사 1회 08

프로그램 설명

계절에 따라 벼의 모습이 바뀌는 프로그램입니다.

동작 과정

1. ▶ 시작하기 버튼을 클릭했을 때

→ 봄, 여름, 가을, 겨울 배경이 2초마다 순서대로 바뀌면서 벼의 모양도 바뀝니다.

2. 프로그램 종료하기

코딩오브젝트   벼

※ 지시사항

■ **시작하기 버튼을 클릭했을때**

1) 벼1 모양으로 바꾸시오.

2) 크기를 100으로 정하시오.

3) x : 156, y : −65 위치로 이동하시오.

4) 2초 기다리시오.

5) 벼2 모양으로 바꾸시오.

6) 2초 기다리시오.

7) 벼3 모양으로 바꾸시오.

8) 2초 기다리시오.

9) 모양 숨기시오.

* 시작 버튼을 클릭했을 때 벼의 모양이 벼1로 바뀌어야 하는데 벼2로 표시됩니다.
2개 블록의 위치를 바꾸어 주세요.

※ 유의사항

지시사항에서 설명한 블록만 이용하시오.

⏱ 예제파일 기초모의고사 1회 09

⏱ 완성파일 기초모의고사 1회 09

프로그램 설명

반투명한 엔트리봇 위에 안경을 위치시키면 엔트리봇이 선명하고 크게 보이도록 하는 프로그램입니다.

 동작 과정

1. (▶) 시작하기 버튼을 클릭했을 때
   → 무대에 반투명한 엔트리봇과 안경이 보입니다.
   → 마우스로 안경을 반투명한 엔트리봇 오브젝트 위로 위치 시키면 엔트리봇이 선명하고 크게 보입니다.
2. 프로그램 종료하기

 코딩오브젝트   안경

※ 지시사항

■ **시작하기 버튼을 클릭했을 때**

  1) 맨 앞으로 보내기
  2) 다음 지시사항을 계속 반복시키시오.
    ① 마우스포인트 위치로 이동하시오.

※ 유의사항

지시사항에서 설명한 블록만 이용하시오.

 코딩오브젝트   엔트리봇

※ 지시사항

■ **시작하기 버튼을 클릭했을 때**

  1) 안경 오브젝트에 닿지 않았을 때 다음 지시사항을 순서대로 작성하시오.
    ① 투명도 효과를 '50'으로 정하시오.   ② 크기를 '100'으로 정하시오.

※ 유의사항

지시사항에서 설명한 블록만 이용하시오.

      ⊙ 예제파일 기초모의고사 1회 10   ⊙ 완성파일 기초모의고사 1회 10

기초모의고사 2회

 프로그램 설명

집 모양과 크기를 변경하고 지정한 위치에 배치하는 프로그램입니다.

 동작 과정

1. 시작하기 버튼을 클릭했을 때
   → 온전한집이 지정된 위치에 보입니다.
   → 크기를 100로 정합니다.
   → 1초를 기다린 후 크기를 50% 정하고 흔들리는 집으로 바뀝니다.
   → 1초를 기다린 후 크기를 50% 정하고 무너리는 집으로 바뀝니다.
2. 프로그램 종료하기

 코딩오브젝트　집

※ 지시사항

■ **시작하기 버튼을 클릭했을때 다음 내용을 순서대로 작성하시오.**

　　1) 모양을 온전한 집으로 바꾸기　　　　　2) 크기를 100으로 정하기
　　3) 집 오브젝트를 좌표 x:'–78', y:'–16' 위치로 이동하기　　4) 2초 기다리기
　　5) 집 오브젝트를 좌표 x:'69', y:'–82' 위치로 이동하기　　5) 크기를 100으로 정하기
　　6) 모양을 흔들리는 집으로 바꾸기　　　　7) 1초 기다리시오.
　　8) 크기를 100으로 정하기　　　　　　　9) 모양을 부서진 집으로 바꾸기

※ 유의사항

지시사항에서 설명한 블록만 이용하시오.

⏱ 예제파일 기초모의고사 2회 01

⏱ 완성파일 기초모의고사 2회 01

프로그램 설명

창문의 먼지를 제거하면 다른 모양의 먼지가 생겨나는 프로그램입니다.

 동작 과정

1. ▶ 시작하기 버튼을 클릭했을 때

 → 창문에 먼지가 붙어 있습니다.

 → 먼지를 클릭하면 사라집니다.

 → 1.5초 후에 창문의 다른 위치에서 다른 색깔의 먼지가 보입니다.

2. 프로그램 종료하기

 코딩오브젝트　먼지

※ 지시사항

■ **시작하기 버튼을 클릭했을 때**

 1) 먼지 오브젝트를 보이게 하고, 크기를 '50'으로 정하시오.

 2) 먼지 오브젝트를 좌표 x:'−160'부터 '120'사이의 무작위수, y:'−10'부터 '120'사이의 무작위수 위치로 이동
 하시오.

■ **복제본이 처음 생성되었을때**

 1) 먼지1 모양으로 바꾸기

 2) 모양 보이기

 3) 크기를 50으로 정하기

 4) 먼지 오브젝트를 좌표 x:'−160'부터 '120'사이의 무작위수, y:'−10'부터 '120'사이의 무작위수로 이동시키
 시오.

※ 유의사항

보기블록 오브젝트에 주어진 블록만 이용하시오.

⏱ 예제파일 기초모의고사 2회 02

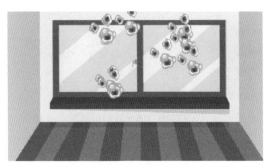

⏱ 완성파일 기초모의고사 2회 02

프로그램 설명

늑대가 입바람을 불면 지푸라기집이 무너지는 프로그램입니다.

동작 과정

1. 시작하기 버튼을 클릭했을 때

   → 늑대가 입바람을 불기 위해 숨을 참습니다.

   → 늑대가 입바람을 붑니다.

   → 입바람 신호를 받은 집이 흔들리다가 부서집니다.

2. 프로그램 종료하기

코딩오브젝트　　집

※ 지시사항

- '입바람' 함수를 다음 순서대로 정의 하시오.

  1) '1'초 기다리기
  2) 모양을 흔들리는집으로 바꾸기
  3) '1'초 기다리기
  4) 크기를 '50'으로 정하기
  5) '1'초 기다리시오
  6) 부서진 집으로 모양 바꾸기

※ 유의사항

지시사항에서 설명한 블록만 이용하시오.

⏱ 예제파일 　기초모의고사 2회 03

⏱ 완성파일 　기초모의고사 2회 03

프로그램 설명

엔트리봇이 미로 안에 놓인 깃발을 찾아가는 프로그램입니다.

 동작 과정

1. ▶ 시작하기 버튼을 클릭했을 때

   → 방향키(↑,↓,←,→)를 누르면 엔트리봇이 상,하,좌,우로 움직입니다.

   → 엔트리봇이 미로 벽에 닿으면 처음 시작한 위치로 돌아갑니다.

   → 녹색 깃발에 닿으면 게임이 종료됩니다.

2. 프로그램 종료하기

 코딩오브젝트　　엔트리봇

※ 지시사항

■ **'왼쪽 화살표' 키를 눌렀을 때**

　1) 이동방향을 180도로 정하기　　　　　　　2) x좌표를 '-5'만큼 바꾸시오.

■ **'오른쪽 화살표' 키를 눌렀을 때**

　1) 이동방향을 0도로 정하기　　　　　　　　2) x좌표를 '5'만큼 바꾸시오.

■ **'위쪽 화살표' 키를 눌렀을 때**

　1) 이동방향을 0도로 정하기　　　　　　　　2) y좌표를 '5'만큼 바꾸시오.

■ **'아래쪽 화살표' 키를 눌렀을 때**

　1) y좌표를 '-5'만큼 바꾸시오.

※ 유의사항

지시사항에서 설명한 블록만 이용하시오.

　　◑ 예제파일 기초모의고사 2회 04

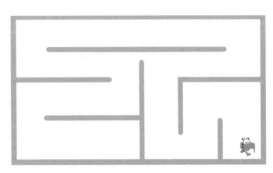

　　◑ 완성파일 기초모의고사 2회 04

5

프로그램 설명

연두반 동물들의 달리기 시합 프로그램입니다.

동작 과정

1. 시작하기 버튼을 클릭했을 때
2. 똑똑한 다람쥐가 "오늘은 연두반 달리기 시합을 하겠습니다."라고 말을 합니다.
3. 당나귀, 곰, 엔트리봇 3친구가 달리기 시합을 합니다.
4. 10초가 지나면 시간 변수는 멈춥니다.
5. 프로그램 종료합니다.

변수 설명

- 시간 : 초기값은 '10'이며, 1초가 지나면 1초씩 감소되는 변수입니다.

코딩오브젝트   당나귀

※ 지시사항

■ **시작하기 버튼을 클릭했을 때**
  → 4초 기다리기
  → 오른쪽 벽에 닿을때까지 다음을 반복하시오.
    ① 다음 모양으로 바꾸기   ② 0.2초 기다리기   ③ x좌표를 11만큼 바꾸기

당나귀 오브젝트에 대한 지시사항은 위와 같은데 당나귀가 곰, 엔트리봇보다 먼저 출발하고 있습니다. 당나귀 블록 중 한 가지 블록을 수정하시오.

※ 유의사항

지시사항에서 설명한 블록만 수정하시오.

예제파일 기초모의고사 2회 05

완성파일 기초모의고사 2회 05

프로그램 설명

사과를 따는 프로그램입니다.

 동작 과정

1. ▶ 시작하기 버튼을 클릭했을 때

　→ 사과 나무에 사과가 달려 있습니다.

　→ 사과을 클릭하면, 온전한 사과 또는 풋사과 혹은 썩은 사과를 보여줍니다.

2. 프로그램 종료하기

 변수 설명

• 상태 : 온전한 사과와 풋사과 혹은 썩은 사과가 무작위로 나타나게 하기 위한 변수입니다.

 코딩오브젝트   사과

※ 지시사항

■ **오브젝트를 클릭했을 때**

　1) 상태 변수를 '1'부터 '3'사이의 무작위수로 정하시오

　2) 상태 값이 '3'이면

　① 사과2 모양으로 바꾸기　　　　　② 소리 '까마귀 울음소리' 재생하기

　③ x : 170, y : −110 위치로 이동하기　④ 자신의 복제본 만들기

　⑤ x : −154, y : −3 위치로 이동하기

※ 유의사항

지시사항에서 설명한 블록만 이용하시오.

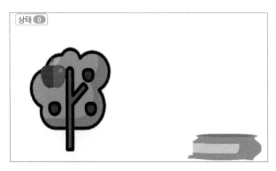

▶ 예제파일 기초모의고사 2회 06

▶ 완성파일 기초모의고사 2회 06

7

 프로그램 설명

키커가 축구공에 닿을때까지 축구공을 막기 위해 움직이는 프로그램입니다.

 동작 과정

1.  시작하기 버튼을 클릭했을 때
2. 무대의 신호 변수에 'Shoot'이 표시되면 스페이스 키를 누르면 축구공이 움직입니다.
3. 축구공이 움직이면 키커는 축구공을 막기 위해 다른 모양으로 움직입니다.
4. 프로그램 종료하기

 변수 설명

• 신호 : 키커가 공을 찰 시기를 알려주는 변수입니다.
• 차는 방향 : 1 : 왼쪽, 2 : 중앙, 3 : 오른쪽으로 공을 보냅니다.

 코딩오브젝트 골키퍼

※ 지시사항

■ **시작하기 버튼을 클릭했을 때**
  1) 골키퍼1 모양으로 바꾸기
  2) 축구공에 닿았는가까지 다음을 반복하시오.
     → 1초 기다리기   → 다음 모양으로 바꾸기

 코딩오브젝트 키커

※ 지시사항

■ **스페이스 키를 눌렀을 때**
  1) 신호값=Shoot이면
     → 차는 방향을 1부터 3사이의 무작위수로 정하기   → 키커2 모양으로 바꾸기
     → Shoot 신호 보내기

※ 유의사항

블록 영역에 주어진 블록만 사용하시오.

예제파일 기초모의고사 2회 07   완성파일 기초모의고사 2회 07

프로그램 설명

투수가 눈을 던져 정해진 곰을 맞히는 프로그램 중 일부입니다.

 동작 과정

1. 시작하기 버튼을 클릭했을 때
   → 사람 또는 곰이 나타나 왼쪽에서 오른쪽으로 이동합니다.
   → 스페이스키를 누르면 투수가 눈을 던집니다.
   → 곰이 눈에 맞으면 점수가 50점 증가하고 사람이 맞으면 점수가 50점 감소합니다.
2. 프로그램 종료하기

 변수 설명

- 점수 : 눈으로 사람 또는 곰을 맞힐 경우 대상에 따라 점수가 변하는 변수입니다.

 코딩오브젝트　눈

※ 지시사항

■ **시작하기 클릭했을 때**

1) 점수 변수가 '1000'이 될 때까지 다음을 반복하시오.
① 만약 사람 오브젝트에 닿으면
　→ 점수 변수를 '-50' 만큼 바꾸고, 숨기시오.
② 만약 곰 오브젝트에 닿으면
　→ 점수 변수를 '50' 만큼 바꾸고, 숨기시오

※ 유의사항

보기블록 오브젝트에 주어진 블록만 이용하시오.

🕹 예제파일 기초모의고사 2회 08

🕹 완성파일 기초모의고사 2회 08

프로그램 설명

게 또는 물고기를 선택하면 엔트리봇이 영어로 동물 이름을 말하는 프로그램입니다.

동작 과정

1. 시작하기 버튼을 클릭했을 때
2. 게 또는 물고기를 선택합니다.
   → 엔트리봇이 선택한 동물의 영어이름을 말합니다
3. 프로그램 종료하기

변수 설명

• 선택 : 물고기는 '1'의 값, 게는 '2' 값을 가지는 변수입니다.

코딩오브젝트 엔트리봇

※ 지시사항

■ '선택완료' 신호를 받았을 때

  1) 선택 값이 '1'이면 'FISH'을 말하고, 선택 값이 '2'이면 'CRAP'을 말하는 블록을 완성하시오.

※ 유의사항

블록 영역에 주어진 블록만 이용하시오.

예제파일 기초모의고사 2회 09

완성파일 기초모의고사 2회 09

프로그램 설명

자연수 1부터 20까지의 숫자 중 짝수인 숫자를 가려내는 프로그램입니다.

 동작 과정

1. 시작하기 버튼을 클릭했을 때

   → 엔트리봇이 숫자를 1부터 20까지의 숫자를 차례대로 말합니다.

   ▶ 숫자가 짝수인 경우— '짝수입니다.'을 말합니다.

2. 프로그램 종료하기

 변수 설명

● 자연수 : 숫자를 세기 위해 사용하는 변수입니다.

 코딩오브젝트   엔트리봇

※ 지시사항

■ **시작하기 버튼을 클릭했을때**

1) 1부터 20가지의 숫자를 차례대로 말하도록 블록의 값을 수정하시오.(단, 짝수인 숫자에는'짝수입니다.'를 말 하시오.)

※ 유의사항

지시사항에서 설명한 블록만 수정하시오.

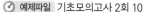

예제파일 기초모의고사 2회 10

완성파일 기초모의고사 2회 10

기초모의고사 3회

 프로그램 설명

합판을 격파하는 프로그램입니다.

 동작 과정

1. ▶ 시작하기 버튼을 클릭했을 때
   → 펀치 변수가 보입니다.
   → 스페이스키를 누르면 글러브가 합판을 내리칩니다.
   → 힘의 세기에 따라 합판의 모양이 달라집니다.
   → 펀치 변수가 10이 되면 모두 멈추고 펀치 변수는 무대에서 사라집니다.
2. 프로그램 종료하기

 변수 설명

• 펀치 : 합판의 모양을 바꾸기 위해 사용하는 변수입니다.

 코딩오브젝트 합판

※ 상황설명

펀치 10의 힘으로 쳤을 때, 합판의 모양이 바뀌지 않고 있습니다.

※ 지시사항

■ **시작하기 버튼을 클릭 했을 때**
   1) 만약 펀치 변수가 '10'이라면 모양을 '합판4'로 바뀌도록 블록 1개를 추가하여 블록을 완성하시오.

※ 유의사항

지시사항에서 설명한 블록만 이용하시오.

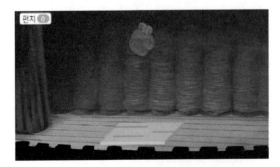

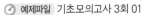
예제파일 기초모의고사 3회 01

완성파일 기초모의고사 3회 01

2

프로그램 설명

입력한 네가지의 자연수의 합을 구하는 프로그램입니다.

동작 과정

1. ▶ 시작하기 버튼을 클릭했을 때
   → 첫 번째수를 첫 번째 대답으로 정합니다.
   → 두 번째수를 두 번째 대답으로 정합니다.
   → 세 번째수를 세 번째 대답으로 정합니다.
   → 첫 번째수를 네 번째 대답으로 정합니다.
2. 프로그램 종료하기

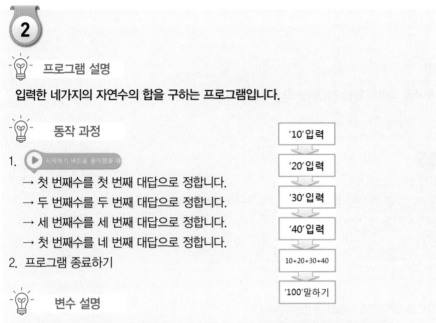

변수 설명

- 첫 번째수, 두 번째수, 세 번째수, 네 번째수 : 계산 결과를 저장하는 변수입니다.

코딩오브젝트   엔트리봇

※ 지시사항

■ **시작하기 버튼을 클릭했을때**
   1) 동작과정의 예시를 참고하여 엔트리봇이 결과를 말하도록 마지막 대답하기 블록을 완성하시오.

※ 유의사항

지시사항에서 설명한 블록만 수정하시오. .

⏱ 예제파일 기초모의고사 3회 02

⏱ 완성파일 기초모의고사 3회 02

3

 프로그램 설명

크기가 서로 다른 부채꼴 넓이의 합을 계산하는 프로그램입니다.

 동작 과정

1. ▶ 시작하기 버튼을 클릭했을 때
2. 부채꼴의 각도를 세 번 입력합니다.
   → 첫 번재 부채꼴의 넓이를 계산합니다.   → 두 번재 부채꼴의 넓이를 계산합니다.
   → 세 번재 부채꼴의 넓이를 계산합니다.   → 똑똑한 다람쥐가 계산결과를 말합니다.
3. 프로그램 종료하기

 변수 설명

- 각도 : 부채꼴의 각도를 입력받아 저장하는 변수입니다.
- 계산 : '0.5x반지름제곱' 의 값을 저장하고 있는 변수입니다.
- 넓이 : 부채꼴의 넓이를 계산하여 저장하는 변수입니다.
- 반지름 : 반지름의 길이를 저장하고 있는 변수입니다.
- 반지름제곱 : 반지름의 제곱 값을 저장하고 있는 변수입니다.

 코딩오브젝트   똑똑한 다람쥐

※ 상황설명

부채꼴의 넓이를 계산하기 위해 공식 '0.5x반지름제곱x각도'를 이용하고 있습니다.

※ 지시사항

■ **계산 신호를 받았을때**
   1) 프로그램의 계산 속도를 높이기 위해 다음 내용으로 수정하시오.
   → 계산 변수에 '0.5x반지름제곱'을 저장하는 블록을 반복문 밖에 위치시키시오.
   → 넓이를 계산하여 말하도록 각도 변수를 대답으로 정하시오.

※ 유의사항

보기블록 오브젝트에 주어진 블록만 이용하시오.

🔘 **예제파일** 기초모의고사 3회 03   🔘 **완성파일** 기초모의고사 3회 03

프로그램 설명

사자가 줄넘기를 하는 프로그램의 일부입니다.

 동작 과정

1. ▶ 시작하기 버튼을 클릭했을 때

  → 하마와 기린이 줄을 돌립니다.

  → 스페이스키를 누르면 사자가 점프를 하고 제자리로 돌아옵니다.

2. 위의 과정을 반복합니다.

 변수 설명

• 횟수 : 사자가 줄넘기를 한 횟수이고 스페이스키를 눌렀을 때 1만큼 변하는 변수입니다.

 코딩오브젝트 사자

※ 지시사항

1) 사자 오브젝트가 모양을 바꾸고 점프를 한 후, 다시 모양을 바꾸고 원래 위치로 돌아오도록 필요한 블록을 1개 추가하여 블록을 완성하시오.

※ 유의사항

지시사항에서 설명한 블록만 이용하시오.

⌐ 예제파일 기초모의고사 3회 04

⌐ 완성파일 기초모의고사 3회 04

5

 프로그램 설명

엔트리봇이 화장실에서 화장실 문을 두드리는 프로그램입니다.

 동작 과정

1. ▶ 시작하기 버튼을 클릭했을 때
2. 왼쪽 화살표 키를 누르면 엔트리봇이 왼쪽문으로 이동합니다.
   → 왼쪽 문에서 노크 소리가 들립니다.
   → 엔트리봇이 오른쪽 문으로 이동합니다.
   → 엔트리봇이 노크를 합니다.
   → 오른쪽 문에서 노크 소리가 들리지 않습니다.
   → 엔트리봇이 사라집니다.
3. 프로그램 종료하기

 코딩오브젝트   엔트리봇

※ 지시사항

■ '왼쪽 화살표' 키를 눌렀을 때
   1) 다음 내용을 수행하도록 블록 블록을 재배치 하시오.
      ① 문쪽 바라보기
      ② 맨 앞으로 보내기
      ③ '왼쪽문' 신호 보내기
      ④ 이동 신호 보내기

※ 유의사항

지시사항에서 설명한 블록만 이용하시오.

예제파일 기초모의고사 3회 05

완성파일 기초모의고사 3회 05

프로그램 설명

1부터 9까지의 숫자가 순서대로 바뀌는 프로그램입니다.

 동작 과정

1.

　→ 1부터 9까지의 숫자가 순서대로 바뀝니다.

　→ 스페이스 키를 누르면 더 이상 숫자가 바뀌지 않습니다.

2. 프로그램 종료하기

코딩오브젝트　숫자

※ 지시사항

■ **시작하기 버튼을 클릭했을때**

　1) 다음 사항을 순서대로 계속 반복시키시오.

　　→ 다음 모양으로 바꾸시오.

　　→ '0.3'초 기다리시오.

■ **스페이스 키를 눌렀을때**

　1) 색깔 효과를 20만큼 주기

　2) 크기를 100만큼 바꾸기

　3) 모든 코드 멈추기

※ 유의사항

보기블록 오브젝트에 주어진 블록만 이용하시오.

◉ 예제파일 기초모의고사 3회 06　　　　◉ 완성파일 기초모의고사 3회 06

프로그램 설명

자연수 1부터 50까지의 숫자 중 5의 배수인 숫자를 가려내는 프로그램입니다.

동작 과정

1. 시작하기 버튼을 클릭했을 때
    → 고양이가 1부터 50까지의 자연수를 입력하세요.라고 묻습니다.
    → 자연수를 입력하면 입력한 자연수가 5의 배수인 경우 '5의 배수입니다.'라고 말합니다.
2. 프로그램 종료하기

변수 설명

• 자연수 : 숫자를 세기 위해 사용하는 변수입니다.

코딩오브젝트   엔트리봇

※ 지시사항

■ **시작하기 버튼을 클릭했을때**
    1) 입력한 대답을 자연수로 정하도록 블록을 수정하시오. (단, 5, 10, 15, 20, 25, 30, 35, 40, 45, 50수인 숫자
        에는'5의 배수입니다.'를 말하시오.)
    2) 5의 배수가 아닌 경우 자연수를 말합니다.

※ 유의사항

지시사항에서 설명한 블록만 수정하시오.

예제파일 기초모의고사 3회 07   완성파일 기초모의고사 3회 07

프로그램 설명

연필로 그림을 그리는 프로그램입니다.

 동작 과정

1. ▶ 시작하기 버튼을 클릭했을 때

   → 연필을 숨깁니다.
   → 연필 굵기를 1부터 3사이의 무작위 수로 정합니다.
   → 기존에 그려진 그림을 지웁니다.
   → 스페이스키를 누르면 마우스로 그림을 그릴수 있습니다.
2. 프로그램 종료하기

 변수 설명

• 연필 굵기 : 연필 굵기를 지정하기 위해 사용하는 변수입니다.

 코딩오브젝트　연필

※ 지시사항

■ **시작하기 버튼을 클릭했을때와 계속 반복하기 사이에 블록을 삽입하시오.**
  1) 모양 보이기
  2) 연필 굵기를 1부터 3 사이의 무작위수로 정하기
  3) 모든 붓 지우기

※ 유의사항

지시사항에서 설명한 블록만 사용하시오.

⏱ 예제파일　기초모의고사 3회 08

⏱ 완성파일　기초모의고사 3회 08

프로그램 설명

세계 각 나라의 수도를 영어로 입력하는 프로그램중 일부입니다.

동작 과정

1. 시작하기 버튼을 클릭했을 때
   → 리스트가 화면에 보입니다.
   → '미국의 수도는 어디일까요?' 라고 묻습니다.
   → 대답이 '1'이면 '정답입니다.', '미국의 수도는 워싱턴DC입니다.' 라고 말합니다.
   → 대답이 '1'과 같지 않으면 '다시한번 생각해보세요' 라고 말합니다.
2. 프로그램 종료하기

코딩오브젝트   난쟁이

※ 지시사항

■ **시작하기 버튼을 클릭했을때**
   1) 대답=1이면 '정답입니다.' 1초 말하기, '미국의 수도는 워싱턴DC입니다.' 2초 말합니다.
   2) 대답=1과 같지 않으면 '다시 한번 생각해보세요.' 말합니다.

   지시사항과 같게 블록을 완성하시오.

※ 유의사항

지시사항에서 설명한 블록만 이용하시오.

예제파일 기초모의고사 3회 09

완성파일 기초모의고사 3회 09

프로그램 설명

엔트리마을에서 엔트리봇이 손님에게 구입하고자 하는 물건과 가게 층을 안내하는 프로그램입니다.

 동작 과정

1. 시작하기 버튼을 클릭했을 때
    → 구입하고자 하는 물건을 입력합니다.
    → 구입하고자 하는 물건을 고객에게 말합니다.
    → 방문하고자 하는 가게을 입력합니다.
    → 가게가 위치한 층을 말합니다.
2. 프로그램 종료하기

 코딩오브젝트   엔트리봇

※ 지시사항

■ **시작하기 버튼을 클릭했을때**
    1) '구입하실 물건이'와 고객이 입력한 대답을 합치기하여 말하기
    2) 고객이 입력한 가게명과 '은 1층입니다.' 합치기하여 말하기
    (예 : 구입하실 물건이 사과입니까?
          과일가게는 1층입니다.)

※ 유의사항

지시사항에서 설명한 보기블록 오브젝트에 주어진 블록만 이용하시오.

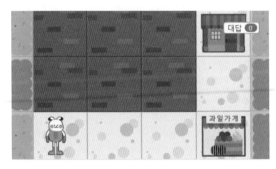

⏺ 예제파일 기초모의고사 3회 10   ⏺ 완성파일 기초모의고사 3회 10

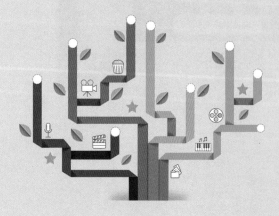

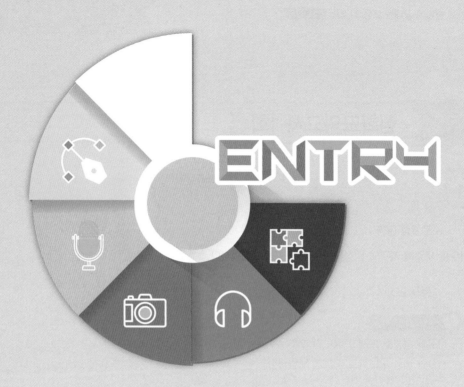

CHAPTER 04

심화
모의고사

심화모의고사 1회

프로그램 설명

어두운 우주에 지구와 행성을 이동하는 프로그램입니다.

동작 과정

1.
   → 지구와 행성을 드래그하여 검정색 우주에 위치 시킵니다.
   → 지구와 행성 오브젝트가 밝게 보입니다.
2. 프로그램 종료하기

코딩오브젝트　　지구

※ 지시사항

- **시작하기 클릭했을 때**
  1) 초기화 추가블록 아래에 다음 지시사항을 순서대로 작성하시오.
     ① 지구 오브젝트가 우주 오브젝트에 닿을 때까지 기다리시오.
     ② 투명도 효과를 '–50' 으로 정하시오.

※ 유의사항

보기블록1 오브젝트에 주어진 블록만 이용하시오.

코딩오브젝트　　행성

※ 지시사항

- **효과 추가블록**
  1) 다음 지시사항을 순서대로 작성하시오.
     ① 행성 오브젝트가 우주 오브젝트에 닿을 때까지 기다리시오.
     ② 투명도 효과를 '–50' 으로 정하시오.

※ 유의사항

보기블록2 오브젝트에 주어진 블록만 이용하시오.

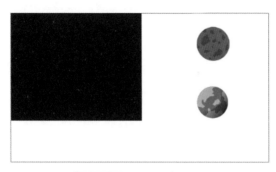

예제파일 심화모의고사 1회 01

완성파일 심화모의고사 1회 01

2

프로그램 설명

고양이가 생선을 먹는 프로그램 중 일부입니다.

동작 과정

1. 시작하기 버튼을 클릭했을 때
   → 무대에 생선이 보입니다.   → 고양이가 생선을 향해 걸어갑니다.
   → 고양이가 생선을 먹습니다.   → 고양이가 생선을 모두 먹으면 무대 밖으로 사라집니다.
2. 프로그램 종료하기

코딩오브젝트   고양이

※ 지시사항

■ 식사끝 메시지를 받았을 때
  1) 다음 지시사항을 순서대로 실행시키시오
     ① 고양이 오브젝트의 방향을 '0'도로 정하시오.
     ② 고양이 오브젝트가 '1'초 동안 x:'240' y:'-78' 위치로 이동하기 하시오.
     ③ 고양이 오브젝트를 숨기시오.

※ 유의사항

지시사항에서 설명한 블록만 이용하시오.

코딩오브젝트   생선

※ 지시사항

■ 식사하기 함수
  1) 다음 지시사항을 순서대로 '1'번 반복하시오.
     ① 생선 오브젝트를 생선2 모양으로 바꾸시오.   ② 0.5초 기다리시오
     ③ 생선 오브젝트를 생선3 모양으로 바꾸시오.   ④ 0.5초 기다리시오.

※ 유의사항

지시사항에서 설명한 블록만 이용 함수를 정의하시오.

예제파일 심화모의고사 1회 02

완성파일 심화모의고사 1회 02

프로그램 설명

여우가 점프하여 포도를 따는 프로그램 중 일부입니다.

동작 과정

1. 시작하기 버튼을 클릭했을 때
2. 방향키(←, →)를 이용하여 여우를 좌우로 움직입니다.
3. 포도 아래에서 위쪽, 아래쪽 화살표 키를 누르면 여우가 점프를 합니다.
    → 포도의 위치에 따라 여우가 점프하는 높이가 달라집니다.
    → 여우가 포도에 닿으면 포도의 개수가 증가합니다.
4. 프로그램 종료하기

변수 설명

• 포도 : 여우가 포도를 딴 수를 계산하는 변수입니다.

코딩오브젝트   여우

※ 지시사항

■ **아래쪽 화살표 키를 눌렀을 때**
    → 낮은 점프 신호 보내기
■ **위쪽 화살표 키를 눌렀을 때**
    → 높은 점프 신호 보내기
■ **낮은 점프 신호를 받았을 때**
    → 여우2 모양으로 바꾸기   → 1초동안 x : 0, y : −10 만큼 움직이기   → 화면 끝에 닿으면 튕기기

※ 유의사항

지시사항에서 설명한 블록만 이용하여 완성 하시오.

예제파일 심화모의고사 1회 03

완성파일 심화모의고사 1회 03

프로그램 설명

엔트리봇이 미로를 빠져나가는 프로그램입니다.

 동작 과정

1. ▶ 시작하기 버튼을 클릭했을 때

   → 방향키(↑,↓,←,→)를 누르면 엔트리봇이 상 , 하, 좌, 우로 움직입니다.

   → 파란LED에 닿으면 크기와 색깔 효과를 주면서 게임 종료를 말하고 모든 코드를 멈춥니다.

2. 프로그램 종료하기

 코딩오브젝트   엔트리봇

※ 지시사항

■ **도착 신호를 받았을때**

   ① 크기를 100 만큼 바꾸기

   ② 색깔 효과를 50만큼 주기

   ③ '게임 종료!'을 말하기

   ④ 모든 코드 멈추기

■ **'오른쪽 화살표' 키를 눌렀을 때**

   1) 다음 지시사항을 순서대로 실행하도록 블록을 작성하시오

   ① 이동 방향을 90도로 정하시오

   ② x좌표를 '10'만큼 바꾸시오

※ 유의사항

지시사항에서 설명한 블록만 이용하시오.

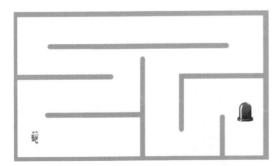

⊙ 예제파일 심화모의고사 1회 04   ⊙ 완성파일 심화모의고사 1회 04

5

 프로그램 설명

입력한 속도에 따라 엔트리봇이 움직이는 프로그램 중 일부입니다.

 동작 과정

1. ▶ 시작하기 버튼을 클릭했을 때
2. 세 가지 속도('상', '중', '하') 중에서 원하는 속도를 한 가지를 입력합니다.
   → 입력한 속도에 따라 엔트리봇이 움직입니다.
3. 프로그램 종료하기

 변수 설명

• 속도 : 엔트리봇이 이동하는 속도를 정하기 위해 사용하는 변수입니다.

 코딩오브젝트　엔트리봇

※ 지시사항

■ **시작 신호를 받았을 때**
　1) 속도 변수가 '상'이면 다음 지시사항을 순서대로 작성하시오
　　① 이동1 신호 보내기 하시오.　　　　② 이동 신호 보내기 하시오.
　2) 속도 변수가 '중'이면 다음 지시사항을 순서대로 작성하시오
　　① 이동2 신호 보내기 하시오.　　　　② 이동 신호 보내기 하시오.
　3) 속도 변수가 '하'이면 다음 지시사항을 순서대로 작성하시오
　　① 이동3 신호 보내기 하시오.　　　　② 이동 신호 보내기 하시오.

※ 유의사항

보기블록 오브젝트에 주어진 블록만 이용하시오.

예제파일 심화모의고사 1회 05

완성파일 심화모의고사 1회 05

프로그램 설명

가부터 바까지 글자가 순서대로 바뀌는 프로그램입니다.

 동작 과정

1. ▶ 시작하기 버튼을 클릭했을 때

   → 가부터 바까지의 글자가 순서대로 바뀝니다.

   → 스페이스 키를 누르면 더 이상 숫자가 바뀌지 않습니다

2. 프로그램 종료하기

 코딩오브젝트   글자

※ 지시사항

■ **시작하기를 클릭했을 때**

   1) 글자 오브젝트가 다음 모양으로 바꾸고, '0.05'초 기다리기를 계속 반복하도록 하시오.

■ **스페이스 키를 눌렀을 때**

   1) 색깔 효과를 10만큼 주기

   2) 크기를 100만큼 바꾸기

   3) 모든 코드 멈추기

※ 유의사항

지시사항에서 설명한 블록만 이용하시오.

⏱ 예제파일 심화모의고사 1회 06   ⏱ 완성파일 심화모의고사 1회 06

프로그램 설명

셔틀콕을 튕기는 프로그램입니다.

 동작 과정

1. 스페이스 키를 눌렀을 때

→ 셔틀콕이 위에서 아래로 움직입니다.

→ 셔틀콕이 배드민턴 라켓에 닿았을 때 스페이스 키를 누르면 셔틀콕이 위로 올라갑니다.

2. 프로그램 종료하기

 코딩오브젝트   셔틀콕

※ 지시사항

■ **스페이스 키를 눌렀을 때**

1) 만일 '배드민턴치는사람'에 닿으면

① 방향을 0도만큼 회전하기

② '0.5'초 동안 x : '−45', y : '122' 위치로 이동하기

③ 셔틀콕 오브젝트를 숨기고, '0.5'초 기다린 후 다시 보이게 하시오.

④ 방향을 0도만큼 회전하기

⑤ '0.5'초 동안 x : '−60', y : '8'으로 위치로 이동하기 하시오.

※ 유의사항

지시사항에서 설명한 블록만 이용하시오.

⏱ 예제파일 심화모의고사 1회 07

⏱ 완성파일 심화모의고사 1회 07

-🔆- **프로그램 설명**

구리와 주석이 결합하여 청동이 되는 프로그램입니다.

-🔆- **동작 과정**

1. 시작하기 버튼을 클릭했을 때

→ 구리와 주석이 무작위로 움직입니다.　　　　　　→ 구리와 주석이 만나면 청동으로 변합니다.

2. 프로그램 종료하기

-🔆- **코딩오브젝트**　구리

※ **지시사항**

■ **시작하기 버튼을 클릭했을때**

　　1) 구리 오브젝트가 주석 오브젝트에 닿을 때까지 다음 지시사항을 순서대로 반복하시오.

　　　　① 방향을 '−35'부터 '35'사이의 무작위 수 만큼 회전하기

　　　　② 이동 방향으로 '15'만큼 움직이기

　　　　③ 구리 오브젝트가 화면 끝에 닿으면 튕기게 하시오.

※ **유의사항**

보기블록1 오브젝트에 주어진 블록만 이용하시오.

-🔆- **코딩오브젝트**　주석

※ **지시사항**

■ **시작하기 버튼을 클릭했을때**

　　1) 주석 오브젝트가 구리 오브젝트에 닿을 때까지 다음 지시사항을 순서대로 반복하시오.

　　　　① 방향을 '−35'부터 '35'사이의 무작위 수 만큼 회전하기

　　　　② 이동 방향으로 '15'만큼 움직이기

　　　　③ 주석 오브젝트가 화면 끝에 닿으면 튕기게 하시오.

※ **유의사항**

보기블록2 오브젝트에 주어진 블록만 이용하시오.

　　　　🔄 예제파일 심화모의고사 1회 08　　　　　　　　　🔄 완성파일 심화모의고사 1회 08

9

 프로그램 설명

공이 자유롭게 움직이면서 벽돌을 맞추는 프로그램입니다.

 동작 과정

1. 시작하기 버튼을 클릭했을 때

   → 공이 무작위로 움직입니다.

   → 벽돌에 공이 닿으면 벽돌이 사라집니다.

   → 벽돌이 모두 사라지면 멈춥니다.

2. 프로그램 종료하기

 변수 설명

- 개수 : 벽돌을 맞춘 개수를 저장하는 변수입니다.

 코딩오브젝트   공

※ 지시사항

■ **이동 함수에 대해 다음과 같이 정의하시오.**

   1) 다음 지시사항을 순서대로 계속 반복하는 블록을 작성하시오.

   ① 만약 개수값이 30이라면

       → 모든 코드 멈추기

   ② 이동방향으로 25만큼 움직이기

   ③ 화면 끝에 닿으면 튕기기

※ 유의사항

지시사항에서 설명한 블록만 이용하시오.

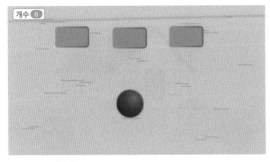

⊙ 예제파일 심화모의고사 1회 09

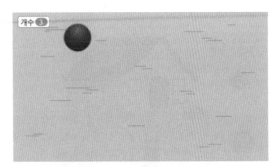

⊙ 완성파일 심화모의고사 1회 09

(10)

 프로그램 설명

곰이 나무에서 떨어지는 사과를 받는 프로그램 중 일부입니다.

 동작 과정

1. ▶ 시작하기 버튼을 클릭했을 때

    → 나무에서 사과가 떨어집니다.

    → 방향키(←,→)를 이용하여 곰을 좌우로 움직입니다.

    → 방향키(←,→)로 곰이 움직일 때 사과가 곰에 닿으면 점수가 1점 증가합니다.

2. 프로그램 종료하기

 변수 설명

- 점수 : 곰이 사과를 잡으면 1점씩 증가하는 변수입니다.

 코딩오브젝트 사과

※ **지시사항**

■ **시작하기 버튼을 클릭했을 때**

    1) 다음 지시사항을 순서대로 계속 반복하는 블록을 완성하시오.

        ① 사과 오브젝트를 보이게 하시오

        ② 사과 오브젝트를 좌표 위치 x : '-100'부터 '100'사이의 난수, y : '120' 으로 이동하시오.

        ③ 사과 오브젝트의 크기를 '30'으로 정하시오.

        ④ 사과 오브젝트를 '2.5'초 동안 좌표 위치를 x : 마우스 'x좌표', y : '-180' 으로 움직이시오.

        ⑤ 사과 오브젝트를 숨기시오

※ **유의사항**

보기블록 오브젝트에 주어진 블록만 이용하시오.

⊘ 예제파일 심화모의고사 1회 10

⊘ 완성파일 심화모의고사 1회 10

심화모의고사 2회

 프로그램 설명

노랑색 나뭇잎과 녹색 나뭇잎을 겹쳤을 때 보여지는 색조합 나뭇잎 색을 알아보는 프로그램입니다.

 동작 과정

1. ▶ 시작하기 버튼을 클릭했을 때
   → 노랑 나뭇잎, 녹색 나뭇잎이 놓여있습니다.
2. 노랑 나뭇잎을 클릭하게 되면 서로 겹치게 합니다.
   → 색조합 색으로 변합니다.
3. 프로그램 종료하기

 코딩오브젝트   색 조합

※ 지시사항

■ **시작하기 버튼을 클릭했을 때**
   1) 오브젝트를 숨기시오.
■ **초록 신호를 받았을 때**
   1) 오브젝트를 보이시오.
   2) x : −9, y : −19 위치로 이동하시오.
   3) 크기를 150으로 정하시오.

※ 유의사항

지시사항에서 설명한 블록만 이용하시오.

 코딩오브젝트   노랑색 나뭇잎

※ 지시사항

■ **시작하기 버튼을 클릭했을 때**
   1) 다음 지시사항을 순서대로 실행시키시오.
      ① 노랑색 나뭇잎 모양으로 바꾸시오.
      ② 모양을 보이기 하시오.
      ③ x : −19, y : 12 위치로 이동하시오.
      ④ 크기를 50 만큼 바꾸시오.

※ 유의사항

지시사항에서 설명한 블록만 이용하시오.

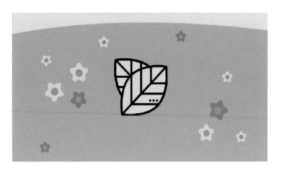

예제파일 심화모의고사 2회 01

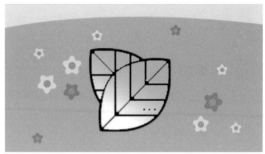

완성파일 심화모의고사 2회 01

프로그램 설명

모기를 잡는 프로그램입니다.

 동작 과정

1. ▶ 시작하기 버튼을 클릭했을 때

   → 창문에 모기가 붙어있습니다.

   → 주사기로 모기를 클릭하면 모기가 사라집니다.

   → 0.5초 후에 창문의 다른 위치에 모기가 붙습니다.

2. 프로그램 종료하기

 코딩오브젝트   모기

※ 지시사항

■ **시작하기 클릭했을 때**

   1) 모기 오브젝트를 좌표위치 x:'80', y:'100'으로 이동시키시오.

■ **잡기 신호를 받았을 때**

   1) 다음 지시사항을 순서대로 작성하시오.

     ① 모기 오브젝트를 숨기시오.

     ② 모기 오브젝트를 '0.5'초 기다리게 하시오.

     ③ 모기 오브젝트를 보이게 하시오.

     ④ 모기 오브젝트를 x:'−150'부터 '150' 사이의 무작위수, y:'−10'부터 '140'사이의 무작위수로 위치로 이동
       하시오.

※ 유의사항

지시사항에서 설명한 블록만 이용하시오.

⊙ 예제파일 심화모의고사 2회 02

⊙ 완성파일 심화모의고사 2회 02

프로그램 설명

타로카드를 선택하는 프로그램입니다.

동작 과정

1. 시작하기 버튼을 클릭했을 때
2. 타로카드 4장의 뒷면이 보입니다.
   → 한 장의 타로카드를 클릭합니다.
   → 선택한 타로카드의 앞면을 보여줍니다.
3. 프로그램 종료하기

변수 설명

- 선택 : 선택 된 카드를 보여주기 위해 사용하는 변수입니다.
- 카드섞기 : 타로카드를 섞기 위해 사용하는 변수입니다.

코딩오브젝트　　타로카드

※ 지시사항

- **복제 함수 정의**
  1) 다음 지시사항을 순서대로 '3'번 반복하는 블록을 작성하시오.
  ① 자신의 복제본 만들기
  ② 타로카드 오브젝트의 x좌표를 '100' 만큼 바꾸시오.

- **타로카드 함수 정의**
  1) 카드섞기를 1부터 4 사이의 무작위수로 정하기
  2) 만일 카드섞기 값이 10이라면
     → 은둔자 모양으로 바꾸기
     → 크기를 150으로 바꾸기
  3) 만일 카드섞기 값이 20이라면
     → 전차 모양으로 바꾸기
     → 크기를 150으로 바꾸기
  4) 만일 카드섞기 값이 30이라면
     → 정의 모양으로 바꾸기
     → 크기를 150으로 바꾸기
  5) 만일 카드섞기 값이 4라면
     → 힘 모양으로 바꾸기
     → 크기를 150으로 바꾸기

※ 유의사항

지시사항에서 설명한 블록만 이용하시오.

 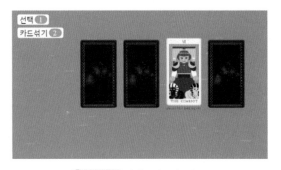

       예제파일 심화모의고사 2회 03   완성파일 심화모의고사 2회 03

프로그램 설명

날아다니는 잠자리를 잡는 프로그램입니다.

동작 과정

1.

   → 잠자리가 들판을 날아다닙니다.

   → 움직이는 잠자리를 잠자리채로 클릭하여 잠자리를 잡습니다.

2. 프로그램 종료하기

코딩오브젝트　　잠자리채

※ 지시사항

■ **시작하기 버튼을 클릭했을 때**

　1) 다음 지시사항을 순서대로 작성하시오.

　① 오브젝트의 방향을 '330' (도)로 정하기 하시오.

　② 마우스 포인터 위치로 이동하기를 계속 반복하기 하시오.

■ **오브젝트를 클릭했을 때**

　1) 다음 지시사항을 순서대로 작성하시오.

　① 다음 지시사항을 '3' 번 반복하기 하시오.

　　→ 방향을 '345' (도) 만큼 회전하기 하시오.

　② 방향을 '330' (도)로 정하기 하시오.

※ 유의사항

보기블록 오브젝트에 주어진 블록만 이용하되 숫자는 수험생이 직접 입력하시오.

예제파일 심화모의고사 2회 04

완성파일 심화모의고사 2회 04

5

프로그램 설명

부엉이가 화살을 피해 성문으로 들어가는 프로그램 중 일부입니다.

동작 과정

1. 시작하기 버튼을 클릭했을 때 ▶

    ① 성벽 위의 궁수 두 명이 화살을 발사합니다.
    ② 키보드 방향키(↑,↓,←,→)를 이용하여 부엉이를 움직입니다.
       → 화살을 피해 성문을 통과하여 목표지점에 도달하면 '성공'을 말합니다.
       → 부엉이가 화살에 맞으면 'Game Over' 문구가 보입니다.
2. 프로그램 종료하기

변수 설명

● 시간 : 부엉이가 화살를 몇 초 동안 피했는지를 알기 위해 사용하는 변수입니다.

코딩오브젝트   화살1

※ 지시사항

■ **명중 함수**

   1) **화살1** 오브젝트가 **부엉이** 오브젝트에 닿으면 다음 지시사항을 순서대로 작성하시오.
       → **게임종료** 신호를 보내시오.
       → '0.1' 초 기다리기 하시오.
       → 오브젝트를 모두 멈추기 하시오.

※ 유의사항

보기블록1 오브젝트에 주어진 블록만 이용하시오.

코딩오브젝트   게임 종료

※ 지시사항

■ **게임종료 신호를 받았을 때**

   1) 오브젝트를 보이기 하시오.

※ 유의사항

보기블록2 오브젝트에 주어진 블록만 이용하시오.

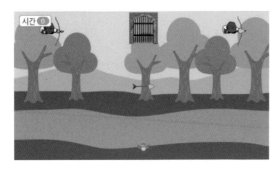

ⓧ **예제파일** 심화모의고사 2회 05

ⓧ **완성파일** 심화모의고사 2회 05

프로그램 설명

혈액형을 검사하는 프로그램 중 일부입니다.

 동작 과정

1. ▶ 시작하기 버튼을 클릭했을 때
2. 시약이 들어있는 스포이드를 클릭합니다.
   → 응집된 혈액 모양으로 바뀌면 'A형입니다.'를 말합니다.
   → 응집되지 않은 혈액 모양으로 바뀌면 'B형입니다.'를 말합니다
3. 프로그램 종료하기

 변수 설명

• 모양 : 혈액의 모양 번호가 저장되는 변수입니다.

 코딩오브젝트　**혈액**

※ 지시사항

■ **확인 신호를 받았을 때**
   1) 다음 지시사항을 순서대로 작성하시오.
      ① 혈액3 모양으로 바꾸고 2초 기다리기를 1번 반복하시오.　② 모양을 모양값으로 정하시오.
      ③ 판별 함수를 실행하시오
■ **시작하기를 클릭했을 때**
   1) 다음 지시사항을 순서대로 작성하시오.
      ① x : 0, y : −110 위치로 이동하시오.　② 혈액1 모양으로 바꾸시오.
      ③ 크기를 200%로 정하시오.

※ 유의사항

지시사항에서 설명한 블록만 이용하시오.

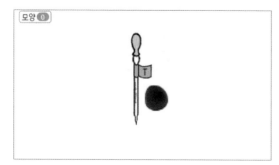

⏱ 예제파일 심화모의고사 2회 06

⏱ 완성파일 심화모의고사 2회 06

프로그램 설명

십이간지 열두마리 동물들이 순서대로 바뀌는 프로그램입니다.

동작 과정

1. 시작하기 버튼을 클릭했을 때

   → 쥐부터 돼지까지 12마리의 동물들이 순서대로 바뀝니다.
   → 스페이스 키를 누르면 해당 동물의 크기가 커지고 빨간색으로 바뀝니다.

2. 프로그램 종료하기

코딩오브젝트   십이간지

※ 지시사항

■ **시작하기 버튼을 클릭했을때**

1) 다음 지시사항을 순서대로 완성하시오.

　　① x : 0, y : 0 위치로 이동하시오.

　　② 크기를 100으로 정하시오.

　　③ 선택 함수를 실행 하시오.

　　④ 크기를 200으로 정하시오.

　　⑤ 색깔 효과를 125으로 정하시오.

　　⑥ '아기염소 울음' 소리를 2초 재생하시오

※ 유의사항

지시사항에서 설명한 블록만 이용하시오.

예제파일 심화모의고사 2회 07   완성파일 심화모의고사 2회 07

8

 프로그램 설명

원숭이가 박쥐를 피해 다니는 프로그램 중 일부입니다.

 동작 과정

1. ▶ 시작하기 버튼을 클릭했을 때

   → 박쥐가 위쪽에서 아래쪽으로 이동합니다.

   → 박쥐는 왼쪽, 중앙, 오른쪽 중 임의의 위치에서 무작위로 나타납니다.

   → 방향키(←, →)를 이용하여 원숭이를 왼쪽 또는 오른쪽으로 움직입니다.

2. 프로그램 종료하기

 변수 설명

• 위치 : 박쥐의 위치를 저장하는 변수입니다.

 코딩오브젝트　박쥐

※ 지시사항

■ **시작하기 키를 눌렀을 때**

1) 다음 지시사항을 계속 반복하기 안에 순서대로 작성하시오.

① 위치를 1부터 3 사이의 무작위 수로 정하시오.

② 1초 기다리시오.

③ 모양 보이기 하시오.

④ 만약 위치 값이 1이라면

　　→ x : −180 y : 180 위치로 이동하시오.

　　→ 3초 동안 x : −180 y : −180 위치로 이동하시오.

⑤ 만약 위치 값이 2이라면

　　→ x : 0 y : 180 위치로 이동하시오.

　　→ 3초 동안 x : 0 y : −180 위치로 이동하시오.

⑥ 만약 위치 값이 3이라면

　　→ x : 180 y : 180 위치로 이동하시오.

　　→ 3초 동안 x : 180 y : −180 위치로 이동하시오.

※ 유의사항

지시사항에서 설명한 블록만 사용하시오.

⊘ 예제파일 심화모의고사 2회 08

⊘ 완성파일 심화모의고사 2회 08

프로그램 설명

궁궐 앞에서 고양이가 연어 먹이를 먹기 위해 움직이는 프로그램 중 일부입니다.

 동작 과정

1. 시작하기 버튼을 클릭했을 때

    → 연어 먹이가 화면에 보입니다.

    → 고양이가 연어를 향해 움직입니다.

    → 연어가 고양이 또는 벽에 닿으면 y좌표를 바꿉니다.

    → 연어를 먹은 고양이는 좌우로 움직입니다.

    → 연어 먹이는 화면에 다시 보입니다.

2. 프로그램 종료하기

코딩오브젝트 고양이

※ 지시사항

고양이에게 먹이주기 함수를 아래와 같이 정의 하시오.

■ **고양이에게 먹이주기 함수**
  → 마우스를 클릭하면 고양이 또는 벽에 닿을 때까지 다음 지시사항을 반복하기 하시오.
    ○ y좌표를 '−3'만큼 바꾸기 하시오.

※ 유의사항

보기블록 오브젝트에 주어진 블록만 이용하시오.

예제파일 심화모의고사 2회 09

완성파일 심화모의고사 2회 09

(10)

프로그램 설명

1부터 10까지 곱셈을 하면서 직선을 그리는 프로그램 중 일부입니다.

동작 과정

1. 시작하기 버튼을 클릭했을 때
2. 모든 붓 지우기하고 그리기 멈추기 합니다.
3. x : −90, y : 0의 위치로 이동합니다.
4. 엔트리봇 모양을 보이기 합니다.
5. 붓의 색을 빨강색으로 정합니다.
6. 붓의 굵기를 10으로 정합니다.
7. N과 계산의 값을 1로 정합니다.
8. 수행 함수를 실행하고 모양을 숨깁니다.
9. 프로그램 종료하기

변수 설명

- N : 1부터 10까지 곱셈을 하기 위해 사용하는 변수입니다.
- 계산 : 1부터 10까지 곱셈한 값을 저장하는 변수입니다.

코딩오브젝트 엔트리봇

※ 지시사항

■ 수행 함수

  1) 자연수 1부터 10까지 계산을 진행하여야 하는데 11까지 계산되고 있습니다. 올바르지 못한 명령 블록 한
     곳을 수정하시오.

※ 유의사항

지시사항에서 설명한 블록만 이용하시오.

예제파일 심화모의고사 2회 10

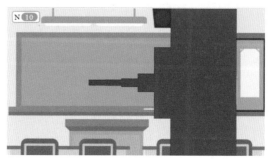

완성파일 심화모의고사 2회 10

심화모의고사 3회

프로그램 설명
반투명한 분홍다람쥐 위에 첼로를 위치시키면 분홍다람쥐가 선명하고 크게 보이도록 하는 프로그램입니다.

동작 과정

1. 시작하기 버튼을 클릭했을 때
   → 무대에 반투명한 분홍다람쥐와 첼로가 보입니다.
   → 마우스로 첼로를 반투명한 분홍다람쥐 위로 위치시키면 분홍다람쥐가 선명하고 크게 보입니다.
2. 프로그램 종료하기

 코딩오브젝트   분홍다람쥐

※ 지시사항

■ **시작하기 버튼을 클릭했을때**
   1. 다음을 순서대로 계속 반복하시오.
   1) 만일 첼로에 닿았는가? 라면
      → 투명도 효과를 0으로 정하기   → 크기를 200으로 정하기
      → 소리 발수갈채 1초 재생하기
   2) 아니면
      → 투명도 효과를 50으로 정하기   → 크기를 100으로 정하기

※ 유의사항

지시사항에서 설명한 블록만 이용하시오.

⏱ 예제파일 심화모의고사 3회 01

⏱ 완성파일 심화모의고사 3회 01

2

 프로그램 설명

곰이 미로 안에 놓인 드론을 찾아가는 프로그램 입니다.

 동작 과정

1.
   → 방향키(↑,↓,←,→)를 누르면 곰이 상, 하, 좌,우로 움직입니다.
   → 곰이 파랑색 벽에 닿으면 처음 시작한 위치로 돌아갑니다.
   → 드론을 잡으면 배경이 '클리어'로 바뀝니다.
2. 프로그램 종료하기

 코딩오브젝트   곰

※ **지시사항**

■ **시작하기 버튼을 클릭했을때**
  1) 모양보이기
  2) 크기를 30으로 정하기
  3) x : −200, y : −100 위치로 이동하기
  4) 다음 지시사항을 계속 반복하시오.
  ① 다음 모양으로 바꾸기
  ② 0.5초 기다리기
  ③ 만약에 미로에 닿았는가?이라면
     → x : −200, y : −100 위치로 이동하기
     → 0.1초 기다리기

※ **유의사항**

지시사항에서 설명한 블록만 이용하시오.

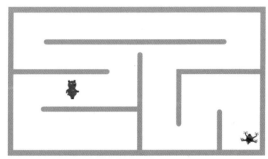

예제파일 심화모의고사 3회 02   완성파일 심화모의고사 3회 02

프로그램 설명

엔트리봇이 축구공을 차는 프로그램입니다.

 동작 과정

1. ▶ 시작하기 버튼을 클릭했을 때
2. 스페이스 키를 누르면 엔트리봇이 공을 찹니다.
3. 공이 빙글빙글 돌아가며 골대를 향해 굴러갑니다.
4. 프로그램 종료하기

 코딩오브젝트　　축구공

※ 지시사항

■ **슈팅 함수**
　　축구공 오브젝트가 **엔트리봇** 오브젝트에 닿으면 방향을 '15'도 만큼 회전하기를 '100' 번 반복하기 하시오.

※ 유의사항

지시사항에서 설명한 블록만 이용하시오.

🕐 예제파일 심화모의고사 3회 03

🕐 완성파일 심화모의고사 3회 03

4

   프로그램 설명

연필심의 색을 바꾸는 프로그램입니다.

   동작 과정

1. ▶ 시작하기 버튼을 클릭했을 때
2. 'c' 키를 누르면 연필심의 색이 '파랑', '검정', '빨강' 순으로 바뀝니다.
   → 마우스를 움직이면 해당 색상의 선이 그려집니다.
3. 프로그램 종료하기

   변수 설명

● 색 : 연필의 색을 지정하기 위해 사용하는 변수입니다.

   코딩오브젝트   신호

※ 지시사항

■ 'c' 키를 눌렀을 때
  다음 지시사항을 순서대로 작성하시오.
  1. **신호** 오브젝트를 다음 모양으로 바꾸시오.
  2. **색** 변수를 '1' 만큼 더하시오.
  3. 만약 **색** 변수 값이 '4'라면 **색** 변수를 '1'로 정하시오.
  4. '색변경' 신호를 보내시오.

※ 유의사항

보기블록 오브젝트에 주어진 블록을 모두 이용하여 오브젝트를 완성 하시오.

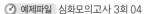

⊙ 예제파일 심화모의고사 3회 04

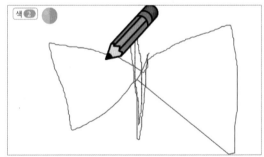

⊙ 완성파일 심화모의고사 3회 04

프로그램 설명

전기 사용량을 알려주는 프로그램입니다.

 동작 과정

1. 시작하기 버튼을 클릭했을 때
2. ON버튼을 누르면 무대가 밝아지며 전기 사용량이 올라갑니다.
3. OFF버튼을 누르면 무대가 어두워지며 전기 사용량이 멈춥니다. 전구가 전기 사용량을 말합니다.
4. 프로그램 종료하기

 변수 설명

• 감지 : OFF를 눌렀는지를 감지하는 변수입니다.
• 사용량 : ON을 누르면 증가하는 변수입니다.

 **코딩오브젝트** ON

※ 지시사항

■ **사용량 함수**
  감지 변수가 '1'이 될 때까지 다음 지시사항을 반복하시오.
  → **사용량** 변수를 '1'만큼 더하시오.
  → '0.01'초 기다리시오.
■ **OFF 신호를 받았을 때**
  → ON2 모양으로 바꾸시오.

※ 유의사항

보기블록 오브젝트에 주어진 블록을 모두 이용하여 빈칸을 채우고 스크립트를 완성하시오.

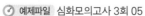

예제파일 심화모의고사 3회 05

완성파일 심화모의고사 3회 05

프로그램 설명

잠자는 고양이 목에 물풍선을 다는 프로그램입니다.

동작 과정

1. ▶ 시작하기 버튼을 클릭했을 때
2. 물풍선을 드래그 하여 고양이 목에 답니다.
   → 고양이가 눈을 뜨고 있을 때 물풍선을 달면 '실패'를 말합니다.
   → 고양이가 낮잠을 자고 있을 때 물풍선을 달면 '성공'을 말합니다.
3. 프로그램 종료하기

코딩오브젝트   고양이

※ 지시사항

- **일어남 함수**
  만약 물풍선 오브젝트에 닿으면 다음 지시사항을 순서대로 실행시키시오.
  → '**실패**'를 '2'초 동안 말하시오.
  → 모든 코드 멈추기 하시오.

- **낮잠 함수**
  만약 물풍선 오브젝트에 닿으면 다음 지시사항을 순서대로 실행시키시오.
  → '**성공**'을 '2'초 동안 말하시오.
  → 모든 코드 멈추기 하시오.

※ 유의사항

보기블록 오브젝트에 주어진 블록을 모두 이용하여 오브젝트를 완성 하시오.

예제파일 심화모의고사 3회 06   완성파일 심화모의고사 3회 06

프로그램 설명

'3', '6', '9'가 들어가는 숫자에 박수를 치는 369게임 프로그램 중 일부입니다.

 동작 과정

1. 시작하기 버튼을 클릭했을 때

   → 공부하는 엔트리봇이 '1', '2', '3', '4', '5', '6', '7', '8', '9', '10'을 숫자를 차례대로 말합니다.
   → '3', '6', '9'가 들어가는 숫자인 경우에는 숫자 대신 '박수 짝'을 말합니다.

2. 프로그램 종료하기

 변수 설명

• N : 숫자를 세기 위해 사용하는 변수입니다.

 코딩오브젝트   공부하는 엔트리봇

※ 지시사항

■ **시작하기 버튼을 클릭했을 때**
   공부하는 엔트리봇 오브젝트가 '1', '2', '3', '4', '5', '6', '7', '8', '9', '10'을 차례대로 말하도록 잘못된 스크립트를
   찾아 수정하시오.(단, '3', '6', '9'에서는 '**박수 짝**'을 말하시오.)

※ 유의사항

지시사항에서 설명한 블록만 이용하시오.

예제파일 심화모의고사 3회 07

완성파일 심화모의고사 3회 07

8

 프로그램 설명

농구공을 던져 바구니에 넣는 프로그램입니다.

 동작 과정

1. 시작하기 버튼을 클릭했을 때
2. 농구공을 던지기 위해 스페이스 키를 누릅니다.
   → 화살표가 초록 범위에 위치하면 농구공이 바구니에 들어갑니다.
   → 그렇지 않으면 농구공이 바구니에 들어가지 않습니다.
3. 프로그램 종료하기

 변수 설명

- N : 농구공을 회전시키는 각도를 조절하기 위해 사용하는 변수입니다.

 코딩오브젝트   농구공

※ 지시사항

- **시작하기 버튼을 클릭했을 때**
  - → 크기를 60으로 정하시오.
  - → 방향을 0으로 정하시오.
  - → 모양 보이기 하시오.
  - → 농구공 오브젝트를 좌표 x:'−130', y:'−70'에 위치 시키시오.
  - → N를 0으로 정하시오.
- **성공 신호를 받았을 때**
  - → 다음 지시사항을 순서대로 '180'번 반복 시키시오.
  - → N 변수를 '1' 만큼 더하시오.
  - → 농구공 오브젝트의 방향을 N값 만큼 회전 시키시오.

※ 유의사항

지시사항에 설명한 블록만 이용하시오.

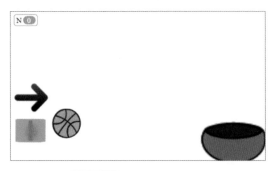

예제파일 심화모의고사 3회 08

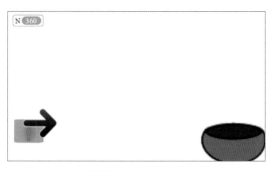

완성파일 심화모의고사 3회 08

9

 프로그램 설명

상자를 클릭하면 선물을 보여주는 프로그램입니다.

 동작 과정

1. ▶ 시작하기 버튼을 클릭했을 때

    → 무대에 상자 1개가 보입니다.

    → 상자에는 '머플러', '기타', '모자' 세 가지 선물 중 한 가지가 무작위로 들어있습니다.

    → 상자를 클릭하면 선물을 보여줍니다.

2. 프로그램 종료하기

 변수 설명

• 생성 : 세 가지의 선물 중 한 가지가 상자에서 나오도록 하기 위한 변수입니다.

 코딩오브젝트   상자

※ 지시사항

▣ **오브젝트를 클릭했을 때**

'선택' 신호를 보내고, 모양을 숨기시오.

※ 유의사항

지시사항에서 설명한 블록만 이용하시오.

 코딩오브젝트   선물

※ 지시사항

▣ **시작하기 버튼을 클릭했을 때**

생성 변수를 '1' 부터 '3'사이의 무작위 수로 정하시오.

※ 유의사항

지시사항에서 설명한 블록만 이용하시오.

🕐 예제파일 심화모의고사 3회 09   🕐 완성파일 심화모의고사 3회 09

프로그램 설명

허용 전류를 초과하면 전기가 차단되는 프로그램입니다.

 동작 과정

1. ▶ 시작하기 버튼을 클릭했을 때

  → 전류량이 10에서 22 사이의 값으로 움직입니다.

  → 전류량이 20을 초과하면 누전차단기가 작동(ON) 합니다.

2. 프로그램 종료하기

 변수 설명

- 전류량 : 10에서 22사이의 값을 저장하는 변수입니다.

 코딩오브젝트   ON

※ **지시사항**

- **초기화 함수**
  전류량 변수를 '0'으로 정하시오.

- **차단여부 함수**
  문자/숫자값1 매개변수가 '**20**'을 초과하면 **누전 차단기** 오브젝트 모양이 '**ON**'이 되고, 그렇지 않으면 '**OFF**'가 되도록 스크립트를 완성하시오.

※ **유의사항**

보기블록 오브젝트에 주어진 블록만 이용하시오.

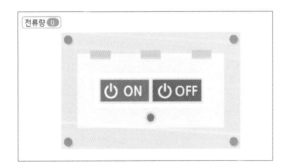

⏱ 예제파일 심화모의고사 3회 10

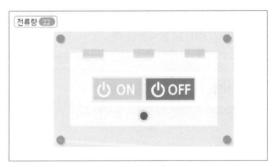

⏱ 완성파일 심화모의고사 3회 10

심화모의고사 4회

 프로그램 설명

사과들이 서로 결합하여 점점 커지는 프로그램 중 일부입니다.

 동작 과정

1. 시작하기 버튼을 클릭했을 때

   → 사과들이 무작위로 움직입니다.

   → 사과가 서로 결합하여 크기가 커집니다.

2. 프로그램 종료하기

 코딩오브젝트　　사과1

※ 지시사항

■ **결합 신호를 받았을 때**

   1) 사과1의 크기를 '40'만큼 바꾸시오.

   2) 색깔 효과를 40만큼 주시오.

   3) 만일 사과1의 크기가 '50'보다 크면 모든 코드를 멈추시오.

※ 유의사항

지시사항에서 설명한 블록만 이용하시오.

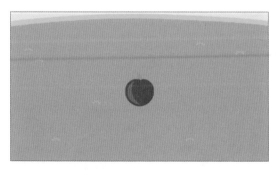

예제파일 심화모의고사 4회 01

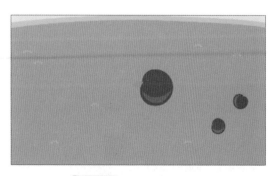
완성파일 심화모의고사 4회 01

프로그램 설명

지시사항에 따라 배경 화면이 바뀌고 오브젝트의 모양이 바뀌는 프로그램입니다.

 동작 과정

1. 시작하기 버튼을 클릭했을 때

→ 곰인형을 클릭합니다.

→ 곰인형을 클릭하면 배경 화면이 로봇나라에서 과자나라로 바뀌고 괴짜 박사의 모양이 바뀝니다.

2. 프로그램 종료하기

 코딩오브젝트　장면1 곰인형

※ 지시사항

■ **오브젝트를 클릭했을 때**
　다음 배경 신호 보내기

※ 유의사항

지시사항에서 설명한 블록만 이용하시오.

 코딩오브젝트　장면2 곰인형

※ 지시사항

■ **오브젝트를 클릭했을 때**
　장면1 시작하기

※ 유의사항

지시사항에서 설명한 블록만 이용하시오.

예제파일 심화모의고사 4회 02

완성파일 심화모의고사 4회 02

프로그램 설명

엔트리봇이 음식을 먹기 위해서 화살표(→,←,↑,↓)을 이용하여 네가지 방향으로 움직여서 음식을 먹는 프로 그램 중 일부입니다.

 동작 과정

1. ▶ 시작하기 버튼을 클릭했을 때

   → 엔트리 봇은 처음 위치로 움직입니다.

   → 왼쪽 화살표, 오른쪽 화살표, 위쪽 화살표, 아래쪽 화살표를 이용하여 음식을 향하여 움직입니다.

   → 꽃다발에 닿을 때까지 움직입니다.

2. 프로그램 종료하기

 코딩오브젝트   엔트리봇

※ 지시사항

■ **오른쪽 화살표 키를 눌렀을 때**
   → 엔트리봇 걷기1 모양으로 바꾸기
   → 이동 방향을 90도로 정하기
   → 이동 방향으로 62만큼 움직이기

■ **아래쪽 화살표 키를 눌렀을 때**
   → 엔트리봇 걷기1 모양으로 바꾸기
   → 이동 방향을 180도로 정하기
   → 이동 방향으로 62만큼 움직이기

※ 유의사항

지시사항에서 설명한 블록만 이용하시오.

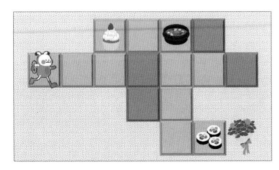

예제파일 심화모의고사 4회 03

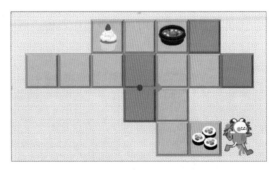

완성파일 심화모의고사 4회 03

프로그램 설명

노랑새는 마우스포인터를 따라 다니면서 고추잠자리에 닿으면 고추잠자리는 사라지고 꿀벌에 닿으면 종료
되는 프로그램 중 일부입니다.

동작 과정

1. 시작하기 버튼을 클릭했을 때

   → 노랑새는 마우스포인터를 따라 움직입니다.

   → 고추잠자리는 자유롭게 움직이다 노랑새에 닿으면 화면에서 사라집니다.

   → 꿀벌은 자유롭게 움직이다 노랑새와 닿으면 모든 코드가 멈춥니다.

2. 프로그램 종료하기

변수 설명

● 시간

게임시간을 지정하는 변수입니다. 처음 시작한 값은 100으로 정하고 1초가 지나면 −1씩 더하기 합니다.

코딩오브젝트   노랑새

※ 지시사항

■ **시작하기 버튼을 클릭했을 때 다음 지시사항을 계속 반복하시오.**

  1) 시간 변수를 100으로 정하시오.

  2) 만일 꿀벌에 닿았거나 시간이 10 이하이면

     → 모든 코드 멈추기 하시오.

  3) 아니면

     → 0.1초 기다리기 하시오.   → 시간에 −1만큼 더하기 하시오.

※ 유의사항

보기블록 오브젝트에 주어진 블록만 이용하시오.

예제파일 심화모의고사 4회 04

완성파일 심화모의고사 4회 04

프로그램 설명

엔트리봇이 춤을 추면서 자동문을 통과하는 프로그램 중 일부입니다.

 동작 과정

1. 시작하기 버튼을 클릭했을 때

　→ 엔트리 봇이 왼쪽, 오른쪽 화살표를 누르고 있으면 왼쪽, 오른쪽으로 움직입니다.
　→ 앤트리 봇이 자동문 가까이 오면 움직임 감지센서의 모양이 바뀌면서 자동문이 열립니다.

2. 프로그램 종료하기

코딩오브젝트　움직임 감지 센서

※ 지시사항

■ **시작하기 버튼을 클릭했을 때 다음 지시사항을 계속 반복하시오.**

　1) 엔트리 봇까지의 거리가 110보다 작으면
　　→ 열기 신호를 보내시오.
　　→ 움직임 가지센서 영역 모양으로 바꾸시오.
　2) 아니면
　　→ 닫힘 신호를 보내시오.
　　→ 움직임 감지센서 센서 모양으로 바꾸시오.

✳ 위와 같은 지시사항대로 코딩했을 경우 엔트리 봇이 자동문 가까이에 가면 자동문이 열려야 하는데 자동문
　이 계속 닫힘으로 표시됩니다. 자동문이 열리도록 블록 한군데를 수정 하시오.

※ 유의사항

지시사항에서 설명한 블록만 수정하시오.

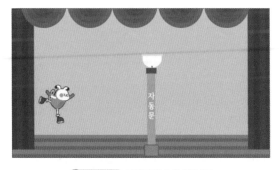

⏱ 예제파일 심화모의고사 4회 05

⏱ 완성파일 심화모의고사 4회 05

프로그램 설명

벽돌 위에서 농구공을 튕기는 프로그램 중 일부입니다.

동작 과정

1.
   → 왼쪽, 오른쪽 화살표를 이용하여 농구공을 튕깁니다.
   → 1초가 지나면 벽돌1, 벽돌2, 벽돌3의 오브젝트가 각각 다른 위치로 이동합니다.
   → 농구공이 아래쪽 화면에 닿게 되면 모든 코드가 멈춥니다.
2. 프로그램 종료하기

함수 설명   벽돌 3

- 첫 위치는 x ; 0, y : 0 위치로 이동하고
- 1초를 기다린 후 x : −200 부터 200 사이의 무작위 수 y : −124 위치로 이동하기를 계속 반복하는 함수입니다.

코딩오브젝트   벽돌 3

※ 지시사항

■ **벽돌 3 함수에 대해 아래와 같이 코딩하시오.**

1) x ; 0, y : 0 위치로 이동하시오.
2) 다음을 계속 반복하시오.
   → 1초 기다리시오.
   → x : −200 부터 200 사이의 무작위 수 y : −124 위치로 이동하시오.

※ 유의사항

지시사항에서 설명한 블록만 이용하시오.

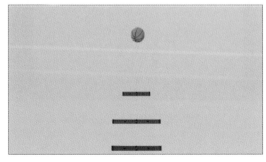

⏱ 예제파일 심화모의고사 4회 06

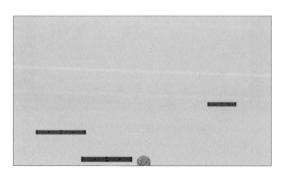

⏱ 완성파일 심화모의고사 4회 06

심화모의고사 4회

7

 프로그램 설명

고양이의 나이를 입력하면 사람에 해당하는 나이를 계산해 주는 프로그램입니다.

 동작 과정

1. ▶ 시작하기 버튼을 클릭했을 때
   → 대답 숨기기 하시오.
   → 고양이의 나이를 입력하면 사람의 나이를 계산하도록 하겠습니다를 2초 동안 말하시오.
   → 고양이의 출생 나이를 입력하면 사람의 나이를 계산해주는 과정을 계속 반복합니다.
2. 프로그램 종료하기

 코딩오브젝트   똑똑한 다람쥐

※ 지시사항
   → 고양이의 출생 나이를 입력하면 사람의 나이를 계산할 수 있도록 합니다.
   → 고양이의 출생 나이가 15살 보다 작으면
   → 고양이의 사람 나이는 고양이의 대답과 리스트에 입력된 나이를 합치기하여
      2초 동안 말할 수 있도록 합니다.
   예)고양이의 나이 4살이면
      "고양이의 사람 나이는 32살입니다."라고 말합니다.
      리스트 항목수는 15개 이면 입력된 값은 왼쪽 리스트와 같습니다.

※ 유의사항
보기블록 오브젝트에 주어진 블록만 이용하시오.

🕐 예제파일 심화모의고사 4회 07

🕐 완성파일 심화모의고사 4회 07

프로그램 설명

함수 블록을 사용하여 정사각형의 둘레와 넓이를 구하는 프로그램입니다.

동작 과정

1. 시작하기 버튼을 클릭했을 때

   → "정사각형의 둘레와 넓이를 구하는 수업시간입니다"라고 똑똑한 다람쥐가 말을 합니다.

   → 변수 넓이, 둘레를 보이기 합니다.

   → 정사형의 둘레와 넓이를 계산하여 "둘레 값은 OO입니다." "넓이 값은 OO입니다."라고 말을 합니다.

   → 계산를 계속 할 건지 물어봅니다.

2. 프로그램 종료하기

변수 설명

- 둘레 : 정사각형의 둘레를 계산하기 위한 변수이며 대답 x 4로 계산 됩니다.
- 넓이 : 정사각형의 넓이를 계산하기 위한 변수이며 대답 x 대답으로 계산 됩니다.

코딩오브젝트   똑똑한 다람쥐

※ 지시사항

■ 정사각형의 둘레와 넓이 함수 다음 지시사항대로 작성하시오.

   1) 정사각형 한 변의 길이는?을 묻고 대답 기다리시오.   2) 둘레를 대답 x 4로 정하시오.

   3) 넓이를 대답 x 대답으로 정하시오.   4) 둘레 값은 과 둘레 값을 합치기를 말하시오.

   5) 1초 기다리시오.   6) 넓이 값은 과 넓이 값을 합치기를 말하시오.

   7) 1초 기다리시오.

   8) 다른 숫자로 계산 하려면 1을 그만 하려면 2를 누르세요.를 묻고 대답 기다리시오

※ 유의사항

지시사항에서 설명한 블록만 이용하시오.

예제파일 심화모의고사 4회 08

완성파일 심화모의고사 4회 08

프로그램 설명

글상자 탭에서 사용하는 코딩고딕체, 한라산체, 바탕체를 이용하여 글자 모양을 확인하는 프로그램 중 일부입니다.

 동작 과정

1. ▶ 시작하기 버튼을 클릭했을 때

   → 코딩고딕체, 한라산체, 바탕체 중 한가지 글꼴을 선택하면 이동하면서 글꼴에 해당하는 엔트리 글자를 보여줍니다.

2. 프로그램 종료하기

 코딩오브젝트   한라산체

※ 지시사항

■ **오브젝트를 클릭했을 때**

1) 1초 동안 x : 0, y : –50 위치로 이동하시오

2) 크기를 150으로 정하시오.

3) 엔라고 글쓰기 하시오.

4) 0.5초 기다리시오.

5) 트라고 뒤에 이어쓰기 하시오

6) 0.5초 기다리시오.

7) 리하고 뒤에 이어쓰기 하시오.

8) 2초 기다리시오.

9) 크기를 150으로 정하시오.

10) 1초 동안 x : –180, y : –90 위치로 이동하시오.

※ 유의사항

지시사항에서 설명한 블록만 이용하시오.

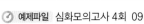

예제파일 심화모의고사 4회 09

완성파일 심화모의고사 4회 09

프로그램 설명

보물 지도에서 금, 은, 구리 도형을 클릭하면 보물이 매몰된 위치를 알려주는 프로그램 중 일부입니다.

동작 과정

1. 시작하기 버튼을 클릭했을 때

   → 오른쪽 금, 은, 구리 도형 중 한 가지 도형을 선택합니다.

   → 금을 선택하면 금이 매몰 된 위치를 사각형으로 알려줍니다.

   → 은을 선택하면 은이 매몰 된 위치를 삼각형으로 알려줍니다.

   → 구리를 선택하면 구리가 매몰 된 위치를 원형으로 알려줍니다.

2. 프로그램 종료하기

코딩오브젝트   연필

※ 지시사항

■ 원 신호를 받았을 때 아래의 지시사항대로 코딩하시오.

  1) 모든 붓 지우기 하시오.

  2) 그리기 시작하기 하시오.

  3) 붓의 굵기를 3으로 정하시오.

  4) 다음 지시사항을 차례대로 360번 반복하시오.

    → 붓의 색을 무작위로 정하기 하시오.

    → 이동 방향으로 1만큼 움직이기 하시오.

    → 이동 방향을 1도 만큼 회전하기 하시오.

※ 유의사항

지시사항에서 설명한 블록만 이용하시오.

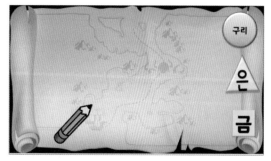

예제파일 심화모의고사 4회 10

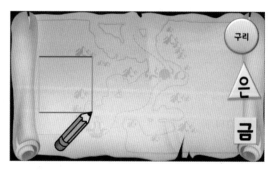

완성파일 심화모의고사 4회 10

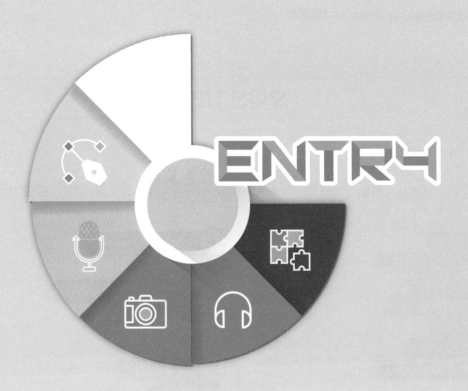

APPENDIX

답안

off
오디션 답안

01강　가수

- 오브젝트를 클릭했을 때
- 소리 피아노_11높은도▼ 재생하기
- 크기를 10 만큼 바꾸기
- 색깔▼ 효과를 80 만큼 주기
- 0.2 초 기다리기
- 크기를 -10 만큼 바꾸기
- 색깔▼ 효과를 -80 만큼 주기

02강　게임창조 달리기 선수

- 시작하기 버튼을 클릭했을 때
- 계속 반복하기
  - 다음▼ 모양으로 바꾸기
  - 0.5 초 기다리기

동전

- 복제본이 처음 생성되었을때
- x: -200 부터 200 사이의 무작위 수 y: -30 부터 150 사이의 무작위 수 위치로 이동하기
- 모양 보이기
- 계속 반복하기
  - 다음▼ 모양으로 바꾸기
  - 0.1 초 기다리기
  - x 좌표를 -1 만큼 바꾸기
  - y 좌표를 -2 만큼 바꾸기
  - 만일 자신▼ 의 y 좌푯값▼ < -50 이라면
    - 이 복제본 삭제하기
  - 만일 달리기선수▼ 에 닿았는가? 이라면
    - 소리 피아노_08솔▼ 재생하기
    - 점수▼ 에 10 만큼 더하기
    - 0.2 초 기다리기
    - 이 복제본 삭제하기

03강　국악가 – 국악가

- 시작하기 버튼을 클릭했을 때
- 계속 반복하기
  - 마우스포인터▼ 위치로 이동하기

- 마우스를 클릭했을 때
- 도장찍기

04강　리듬댄스 게임 – 리듬댄서

- 왼쪽 화살표 키를 눌렀을 때
- 이동 방향을 270° (으)로 정하기
- 이동 방향으로 10 만큼 움직이기
- 만일 미로▼ 에 닿았는가? 이라면
  - x: -210 y: 100 위치로 이동하기

05강　슈퍼모델 – 다음 그림

- 오브젝트를 클릭했을 때
- 다음▼ 장면 시작하기

06강   영화배우 – 램프 요정

시작하기 버튼을 클릭했을 때
모양 숨기기
계속 반복하기
　2 부터 5 사이의 무작위 수 초 기다리기
　모양 보이기
　난 램프의 요정 지니! 을(를) 3 초 동안 말하기▼
　2 초 기다리기
　모양 숨기기

07강   창업스타 – 파인애플

오브젝트를 클릭했을 때
파인애플 의 1 번째 글자부터 4 번째 글자까지의 글자 항목을 스핀목록▼ 에 추가하기
크기를 5 만큼 바꾸기
0.5 초 기다리기
투명도▼ 효과를 100 만큼 주기

08강   쿠킹 – 도넛

오브젝트를 클릭했을 때
원▼ 신호 보내기

쿠킹 – 수저

원▼ 신호를 받았을 때
모든 붓 지우기
붓의 색을 ■ (으)로 정하기
붓의 굵기를 10 (으)로 정하기
그리기 시작하기
360 번 반복하기
　이동 방향으로 1 만큼 움직이기
　이동 방향을 1° 만큼 회전하기

09강   락커 – 드럼 – 플로어탐탐

시작하기 버튼을 클릭했을 때
계속 반복하기
　만일 마우스를 클릭했는가? 그리고 드럼채▼ 에 닿았는가? 이라면
　　소리 드럼 플로어 탐탐▼ 재생하기
　　크기를 10 만큼 바꾸기
　　0.1 초 기다리기
　　크기를 -10 만큼 바꾸기

완벽분석 답안

10강 완벽분석 01 – 집

- 시작하기 버튼을 클릭했을 때
- x: -74 y: -21 위치로 이동하기
- 1 초 기다리기
- x: 131 y: 0-55 위치로 이동하기

11강 완벽분석 02 – 스케이트 엔트리봇

- 시작하기 버튼을 클릭했을 때
- x: 168 y: -31 위치로 이동하기
- 계속 반복하기
  - 이동 방향으로 10 만큼 움직이기
  - 다음 모양으로 바꾸기
  - 0.1 초 기다리기
  - 화면 끝에 닿으면 튕기기
  - 만일 고추잠자리 에 닿았는가? 이라면
    - 모든 코드 멈추기

12강 완벽분석 03 – 엔트리봇

- 시작하기 버튼을 클릭했을 때
- 시간 를 20 로 정하기
- 시간 값 = 0 이 될 때까지 반복하기
  - 1 초 기다리기
  - 시간 에 -1 만큼 더하기

13강 완벽분석 04 – 나비

- 시작하기 버튼을 클릭했을 때
- 계속 반복하기
  - 마우스포인터 위치로 이동하기

- 스페이스 키를 눌렀을 때
- 다음 모양으로 바꾸기

- 위쪽 화살표 키를 눌렀을 때
- 크기를 10 만큼 바꾸기

- 아래쪽 화살표 키를 눌렀을 때
- 크기를 -10 만큼 바꾸기

14강 완벽분석 05 – 돼지

- 시작하기 버튼을 클릭했을 때
- 연두 초등학교 운동회에 오신걸 환영합니다 을(를) 2 초 동안 말하기
- 지금부터 개나리반 친구들의 달리기 시합을 진행하겠습니다 을(를) 2 초 동안 말하기
- 오늘 출전할 선수는 강아지,곰입니다 을(를) 2 초 동안 말하기
- 강아지 항목을 개나리반 에 추가하기
- 곰 항목을 개나리반 에 추가하기
- 출발~ 을(를) 2 초 동안 말하기
- 출발 신호 보내기

15강   완벽분석 06 – 열기구

```
시작하기 버튼을 클릭했을 때
횟수▼ 를 0 로 정하기
x: 0 y: 75 위치로 이동하기
크기를 100 (으)로 정하기
열기구▼ 모양으로 바꾸기
이동▼ 신호 보내기
계속 반복하기
    만일 포탄▼ 에 닿았는가? 이라면
        횟수▼ 에 1 만큼 더하기
        만일 횟수▼ 값 = 3 이라면
            열기구1▼ 모양으로 바꾸기
        만일 횟수▼ 값 = 6 이라면
            열기구2▼ 모양으로 바꾸기
            모든▼ 코드 멈추기
```

16강   완벽분석 07 – 고양이버스

```
시작하기 버튼을 클릭했을 때
x: 151 y: -68 위치로 이동하기
4 초 기다리기
20 번 반복하기
    이동 방향으로 -10 만큼 움직이기
```

17강   완벽분석 08 – 도깨비 놀부잡기 함수

```
함수 정의하기 놀부잡기
놀부▼ 에 닿았는가? 이 될 때까지▼ 반복하기
    놀부▼ 쪽 바라보기
    이동 방향으로 1 만큼 움직이기
종료▼ 신호 보내기
```

18강   완벽분석 09 – 농구공

```
스페이스 키를 눌렀을 때
2 초 기다리기
3 번 반복하기
    y 좌표를 50 만큼 바꾸기
    1 초 기다리기
    y 좌표를 -50 만큼 바꾸기
    1 초 기다리기
    y 좌표를 -50 만큼 바꾸기
    1 초 기다리기
    y 좌표를 50 만큼 바꾸기
```

기초모의고사 답안

기초모의고사 1회–01 종1

▶ 시작하기 버튼을 클릭했을 때
x: 17 y: 73 위치로 이동하기
크기를 30 (으)로 정하기
1 초 기다리기
x: -88 y: 25 위치로 이동하기
자신▼ 의 복제본 만들기
4 초 기다리기
x: -21 y: -57 위치로 이동하기
자신▼ 의 복제본 만들기

기초모의고사 1회–01 체리

▶ 시작하기 버튼을 클릭했을 때
x: 126 y: 85 위치로 이동하기
크기를 30 (으)로 정하기
0.5 초 기다리기
x: -22 y: -16 위치로 이동하기
자신▼ 의 복제본 만들기
3.5 초 기다리기
x: -97 y: -44 위치로 이동하기
자신▼ 의 복제본 만들기

기초모의고사 1회–02 집

입바람▼ 신호를 받았을 때
1 초 기다리기
흔들리는집▼ 모양으로 바꾸기
1 초 기다리기
무너진집▼ 모양으로 바꾸기

기초모의고사 1회–01 종2

▶ 시작하기 버튼을 클릭했을 때
x: 63 y: 79 위치로 이동하기
크기를 30 (으)로 정하기
1.5 초 기다리기
x: -57 y: -17 위치로 이동하기
자신▼ 의 복제본 만들기
4 초 기다리기
x: -60 y: 26 위치로 이동하기
자신▼ 의 복제본 만들기

기초모의고사 1회-03 까마귀

왼쪽 화살표 키를 눌렀을 때
y 좌표를 -3 만큼 바꾸기
왼쪽까마귀1▼ 모양으로 바꾸기
0.1 초 기다리기
왼쪽까마귀2▼ 모양으로 바꾸기

오른쪽 화살표 키를 눌렀을 때
y 좌표를 -3 만큼 바꾸기
오른쪽까마귀1▼ 모양으로 바꾸기
0.1 초 기다리기
오른쪽까마귀2▼ 모양으로 바꾸기
화면 끝에 닿으면 튕기기

기초모의고사 1회-04 원숭이

원숭이 달리기▼ 신호를 받았을 때
결승선▼ 에 닿았는가? 이 될 때까지▼ 반복하기
이동 방향으로 -10 만큼 움직이기
다음▼ 모양으로 바꾸기
0.1 초 기다리기
만일 결승선▼ 에 닿았는가? 이라면
도착! 을(를) 말하기▼

기초모의고사 1회-05 엔트리봇

시작하기 버튼을 클릭했을 때
모양 숨기기
질문▼ 신호 보내기
x: -58 y: -59 위치로 이동하기
모양 보이기

기초모의고사 1회-06 축구공 shoot 함수

아래와 같이 함수 작성

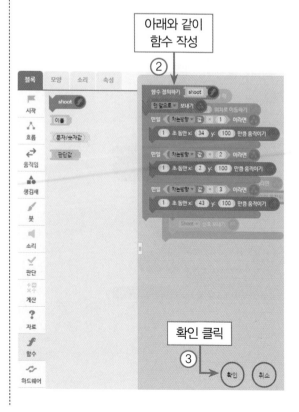

확인 클릭

기초모의고사 1회-07 색

c 키를 눌렀을 때
다음▼ 모양으로 바꾸기
색▼ 에 1 만큼 더하기
만일 (색▼ 값 = 4) 이라면
  색▼ 를 1 로 정하기

색변경▼ 신호 보내기

기초모의고사 1회-08 말

이동▼ 신호를 받았을 때
만일 (속도▼ 값 = 상) 이라면
  30 번 반복하기
    0.2 초 기다리기
    다음▼ 모양으로 바꾸기
    x 좌표를 10 만큼 바꾸기

만일 (속도▼ 값 = 중) 이라면
  30 번 반복하기
    0.5 초 기다리기
    다음▼ 모양으로 바꾸기
    x 좌표를 10 만큼 바꾸기

만일 (속도▼ 값 = 하) 이라면
  30 번 반복하기
    1 초 기다리기
    다음▼ 모양으로 바꾸기
    x 좌표를 10 만큼 바꾸기

기초모의고사 1회-09 벼

시작하기 버튼을 클릭했을 때
벼1▼ 모양으로 바꾸기
크기를 100 (으)로 정하기
x: 156 y: -65 위치로 이동하기
2 초 기다리기
벼2▼ 모양으로 바꾸기
2 초 기다리기
벼3▼ 모양으로 바꾸기
2 초 기다리기
모양 숨기기

기초모의고사 1회-10 안경

시작하기 버튼을 클릭했을 때
맨 앞으로▼ 보내기
계속 반복하기
  마우스포인터▼ 위치로 이동하기

기초모의고사 1회-10 엔트리봇

시작하기 버튼을 클릭했을 때
x: 0 y: 0 위치로 이동하기
계속 반복하기
  만일 (안경▼ 에 닿았는가?) 이라면
    투명도▼ 효과를 0 (으)로 정하기
    크기를 200 (으)로 정하기
  아니면
    투명도▼ 효과를 50 (으)로 정하기
    크기를 100 (으)로 정하기

기초모의고사 2회-01 집

시작하기 버튼을 클릭했을 때
온전한 집▼ 모양으로 바꾸기
크기를 100 (으)로 정하기
x: -78 y: -16 위치로 이동하기
2 초 기다리기
x: 69 y: -82 위치로 이동하기
크기를 100 (으)로 정하기
흔들리는집▼ 모양으로 바꾸기
1 초 기다리기
크기를 100 (으)로 정하기
부서진집▼ 모양으로 바꾸기

기초모의고사 2회-02 먼지

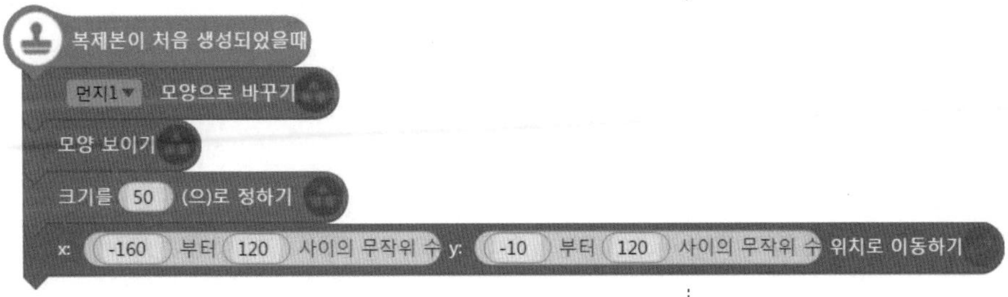

시작하기 버튼을 클릭했을 때
모양 보이기
크기를 50 (으)로 정하기
x: -160 부터 120 사이의 무작위 수 y: -10 부터 120 사이의 무작위 수 위치로 이동하기

복제본이 처음 생성되었을때
먼지1▼ 모양으로 바꾸기
모양 보이기
크기를 50 (으)로 정하기
x: -160 부터 120 사이의 무작위 수 y: -10 부터 120 사이의 무작위 수 위치로 이동하기

기초모의고사 2회-03 입바람 함수

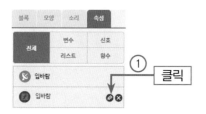

① 클릭

아래와 같이
함수 작성

②

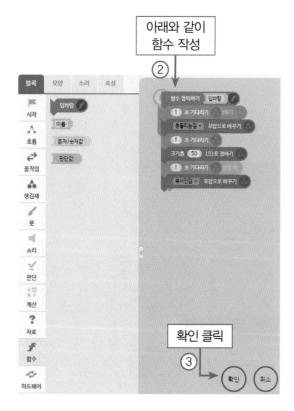

확인 클릭

③

기초모의고사 2회-04 엔트리봇

기초모의고사 2회-05 당나귀

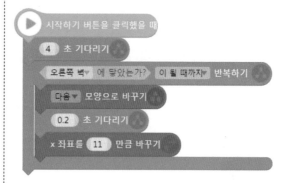

기초모의고사 2회-06 사과

```
오브젝트를 클릭했을 때
  상태▼ 를 0 부터 3 사이의 무작위 수 로 정하기
  계속 반복하기
    만일 상태▼ 값 = 3 이라면
      사과2▼ 모양으로 바꾸기
      소리 까마귀 울음소리▼ 재생하기
      x: 170 y: -110 위치로 이동하기
      자신▼ 의 복제본 만들기
      x: -154 y: -3 위치로 이동하기
    아니면
      만일 상태▼ 값 = 2 이라면
        사과1▼ 모양으로 바꾸기
        소리 까마귀 울음소리▼ 재생하기
        x: 185 y: -110 위치로 이동하기
        자신▼ 의 복제본 만들기
        x: -154 y: -3 위치로 이동하기
      아니면
        사과▼ 모양으로 바꾸기
        소리 까마귀 울음소리▼ 재생하기
        x: 200 y: -110 위치로 이동하기
        자신▼ 의 복제본 만들기
        x: -154 y: -3 위치로 이동하기
```

기초모의고사 2회-07 골키퍼

```
시작하기 버튼을 클릭했을 때
  골키퍼1▼ 모양으로 바꾸기
  축구공▼ 에 닿았는가? 이 될 때까지 반복하기
    1 초 기다리기
    다음▼ 모양으로 바꾸기
```

기초모의고사 2회-07 키커

```
스페이스 키를 눌렀을 때
  만일 신호▼ 값 = Shoot 이라면
    차는방향▼ 를 1 부터 3 사이의 무작위 수 로 정하기
    키커2▼ 모양으로 바꾸기
    Shoot▼ 신호 보내기
```

기초모의고사 2회-08 눈

```
시작하기 버튼을 클릭했을 때
  점수▼ 를 0 로 정하기
  모양 숨기기
  x: -106 y: -93 위치로 이동하기
  크기를 50 (으)로 정하기
  점수▼ 값 = 1000 이 될 때까지 반복하기
    만일 사람▼ 에 닿았는가? 이라면
      점수▼ 에 -50 만큼 더하기
      모양 숨기기
    만일 곰▼ 에 닿았는가? 이라면
      점수▼ 에 50 만큼 더하기
      모양 숨기기
```

기초모의고사 2회-09 엔트리봇

```
선택완료▼ 신호를 받았을 때
만일  선택▼ 값 = 1  이라면
    FISH 을(를) 말하기▼
만일  선택▼ 값 = 2  이라면
    CRAP 을(를) 말하기▼
```

기초모의고사 2회-10 엔트리봇

```
시작하기 버튼을 클릭했을 때
자연수▼ 를 0 로 정하기
 자연수▼ 값 = 20  이 될 때까지▼ 반복하기
    자연수▼ 에 1 만큼 더하기
    만일  자연수▼ 값 / 2 의 나머지▼ = 0  이라면
        짝수입니다. 을(를) 말하기▼
    아니면
        자연수▼ 값 을(를) 말하기▼
    1 초 기다리기
```

기초모의고사 3회-01 합판

```
시작하기 버튼을 클릭했을 때
변수 펀치▼ 보이기
펀치▼ 를 0 로 정하기
합판1▼ 모양으로 바꾸기
x: 1 y: -85 위치로 이동하기
 펀치▼ 값 = 10  이 될 때까지▼ 반복하기
    만일  글러브▼ 에 닿았는가?  이라면
        펀치▼ 에 1 만큼 더하기
    만일  펀치▼ 값 < 4  이라면
        합판1▼ 모양으로 바꾸기
    만일  펀치▼ 값 > 3  그리고  펀치▼ 값 < 7  이라면
        합판2▼ 모양으로 바꾸기
    만일  펀치▼ 값 > 6  그리고  펀치▼ 값 < 10  이라면
        합판3▼ 모양으로 바꾸기
    만일  펀치▼ 값 = 10  이라면
        합판4▼ 모양으로 바꾸기
    변수 펀치▼ 숨기기
    모든▼ 코드 멈추기
```

기초모의고사 3회-02 엔트리봇

▶ 시작하기 버튼을 클릭했을 때

입력하는 네가지 수의 합을 계산합니다. 을(를) 4 초 동안 말하기▼

첫번째수는? 을(를) 묻고 대답 기다리기

첫번째수▼ 를 대답 로 정하기

두번째수는? 을(를) 묻고 대답 기다리기

두번째수▼ 를 대답 로 정하기

세번째수는? 을(를) 묻고 대답 기다리기

세번째수▼ 를 대답 로 정하기

네번째수는? 을(를) 묻고 대답 기다리기

네번째수▼ 를 대답 로 정하기

첫번째수▼ 값 + 두번째수▼ 값 + 세번째수▼ 값 + 네번째수▼ 값 을(를) 4 초 동안 말하기▼

기초모의고사 3회-03 똑똑한 다람쥐

계산▼ 신호를 받았을 때

계산▼ 를 0.5 x 반지름제곱▼ 값 로 정하기

3 번 반복하기

넓이▼ 를 0 로 정하기

각도를 입력하세요. 을(를) 묻고 대답 기다리기

1 초 기다리기

각도▼ 를 대답 로 정하기

넓이▼ 에 계산▼ 값 x 각도▼ 값 만큼 더하기

3개 부채꼴의 총 넓이는 과(와) 넓이▼ 값 를 합치기 을(를) 말하기▼

기초모의고사 3회–04 사자

스페이스 키를 눌렀을 때
다음 ▼ 모양으로 바꾸기
y 좌표를 30 만큼 바꾸기
0.5 초 기다리기
다음 ▼ 모양으로 바꾸기
y 좌표를 -30 만큼 바꾸기

기초모의고사 3회–05 엔트리봇

왼쪽 화살표 키를 눌렀을 때
문 ▼ 쪽 바라보기
맨 앞으로 ▼ 보내기
왼쪽문 ▼ 신호 보내기
이동 ▼ 신호 보내기

기초모의고사 3회–06 숫자

시작하기 버튼을 클릭했을 때
계속 반복하기
　다음 ▼ 모양으로 바꾸기
　0.3 초 기다리기

스페이스 키를 눌렀을 때
색깔 ▼ 효과를 20 만큼 주기
크기를 100 만큼 바꾸기
모든 ▼ 코드 멈추기

기초모의고사 3회–07 엔트리봇

시작하기 버튼을 클릭했을 때
5 번 반복하기
　1부터 50까지의 자연수를 입력하세요. 을(를) 묻고 대답 기다리기
　1 초 기다리기
　자연수 ▼ 를 대답 로 정하기
　만일 (자연수 ▼ 값 / 5 의 나머지 ▼) = 0 이라면
　　5의 배수입니다. 을(를) 말하기 ▼
　아니면
　　자연수 ▼ 값 을(를) 말하기 ▼
　1 초 기다리기

기초모의고사 3회–08 연필

시작하기 버튼을 클릭했을 때
모양 보이기
연필굵기 ▼ 를 1 부터 3 사이의 무작위 수 로 정하기
모든 붓 지우기
계속 반복하기
　붓의 색을 ■ (으)로 정하기
　붓의 굵기를 연필굵기 ▼ 값 (으)로 정하기
　마우스포인터 ▼ 위치로 이동하기
　만일 스페이스 키가 눌러져 있는가? 이라면
　　그리기 시작하기
　아니면
　　그리기 멈추기

기초모의고사 3회-09

시작하기 버튼을 클릭했을 때

리스트 수도 말하기▼ 보이기

각 나라 수도 맞히기 게임입니다. 을(를) 말하기▼

문제를 보시고 오른쪽 리스트 중 번호를 입력하세요. 을(를) 말하기▼

미국의 수도는 어디일까요? 을(를) 묻고 대답 기다리기

만일 대답 = 1 이라면

　정답입니다. 을(를) 1 초 동안 말하기▼

　미국의 수도는 워싱턴DC입니다. 을(를) 2 초 동안 말하기▼

아니면

　다시 한번 생각해보세요. 을(를) 말하기▼

기초모의고사 3회-10 엔트리봇

시작하기 버튼을 클릭했을 때

엔트리 마을에 오신걸 환영합니다. 을(를) 2 초 동안 말하기▼

구입하고자 하는 물건을 입력하세요. 을(를) 묻고 대답 기다리기

구입하실 물건이 과(와) 대답 를 합치기 과(와) 입니까? 를 합치기 을(를) 말하기▼

1 초 기다리기

방문하고자 하는 가게을 입력하세요. 을(를) 묻고 대답 기다리기

1 초 기다리기

대답 과(와) 은 1층입니다. 를 합치기 을(를) 말하기▼

심화모의고사 답안

심화모의고사 1회 – 01 지구

행성

심화모의고사 1회 – 02 고양이

식사하기 함수

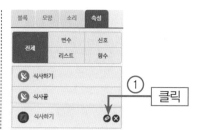

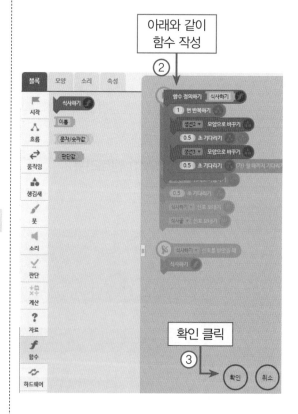

① 클릭

아래와 같이
함수 작성
②

확인 클릭
③

심화모의고사 1회 – 03 – 여우

아래쪽 화살표 키를 눌렀을 때
낮은 점프▼ 신호 보내기

위쪽 화살표 키를 눌렀을 때
높은 점프▼ 신호 보내기

낮은 점프▼ 신호를 받았을 때
여우2▼ 모양으로 바꾸기
1 초 동안 x: 0 y: -10 만큼 움직이기
화면 끝에 닿으면 튕기기

심화모의고사 1회 – 04 엔트리봇

도착▼ 신호를 받았을 때
크기를 100 만큼 바꾸기
색깔▼ 효과를 50 만큼 주기
게임 종료! 을(를) 말하기▼
모든▼ 코드 멈추기

오른쪽 화살표 키를 눌렀을 때
이동 방향을 90° (으)로 정하기
x 좌표를 10 만큼 바꾸기

심화모의고사 1회 – 05 엔트리봇

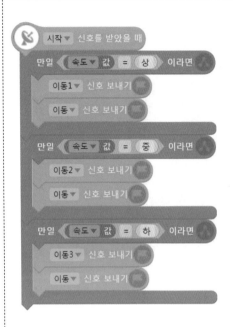

시작▼ 신호를 받았을 때
만일 〈 속도▼ 값 = 상 〉 이라면
이동1▼ 신호 보내기
이동▼ 신호 보내기
만일 〈 속도▼ 값 = 중 〉 이라면
이동2▼ 신호 보내기
이동▼ 신호 보내기
만일 〈 속도▼ 값 = 하 〉 이라면
이동3▼ 신호 보내기
이동▼ 신호 보내기

심화모의고사 1회 – 06 글자

시작하기 버튼을 클릭했을 때
계속 반복하기
다음▼ 모양으로 바꾸기
0.05 초 기다리기

스페이스 키를 눌렀을 때
색깔▼ 효과를 10 만큼 주기
크기를 100 만큼 바꾸기
모든▼ 코드 멈추기

심화모의고사 1회 – 07 셔틀콕

스페이스 키를 눌렀을 때
만일 배드민턴치는사람▼ 에 닿았는가? 이라면
  방향을 0° 만큼 회전하기
  0.5 초 동안 x: -45 y: 122 위치로 이동하기
  모양 숨기기
  0.5 초 기다리기
  모양 보이기
  방향을 0° 만큼 회전하기
  0.5 초 동안 x: -60 y: 8 위치로 이동하기

심화모의고사 1회 – 08 구리

시작하기 버튼을 클릭했을 때
주석▼ 에 닿았는가? 이 될 때까지▼ 반복하기
  방향을 -35 부터 35 사이의 무작위 수 만큼 회전하기
  이동 방향으로 15 만큼 움직이기
  화면 끝에 닿으면 튕기기
  만일 주석▼ 에 닿았는가? 이라면
    결합▼ 신호 보내기

주석

시작하기 버튼을 클릭했을 때
구리▼ 에 닿았는가? 이 될 때까지▼ 반복하기
  방향을 -35 부터 35 사이의 무작위 수 만큼 회전하기
  이동 방향으로 15 만큼 움직이기
  화면 끝에 닿으면 튕기기
  만일 구리▼ 에 닿았는가? 이라면
    결합▼ 신호 보내기

심화모의고사 1회 – 09 공 이동함수

함수 정의하기 이동
계속 반복하기
  만일 개수▼ 값 = 3 이라면
    모든▼ 코드 멈추기
  이동 방향으로 25 만큼 움직이기
  화면 끝에 닿으면 튕기기

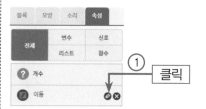

① 클릭

아래와 같이
함수 작성
②

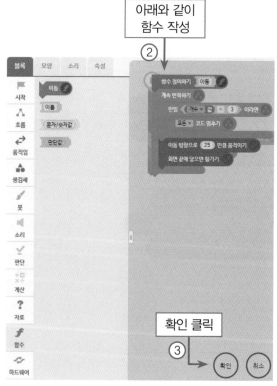

확인 클릭
③

심화모의고사 1회 – 10 사과

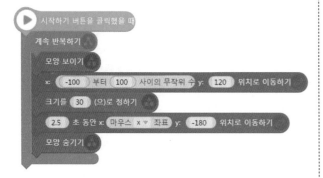

심화모의고사 2회 – 01 노랑색 나뭇잎

색조합

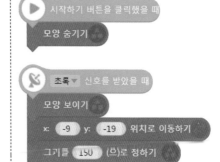

심화모의고사 2회 – 02 모기

심화모의고사 2회 – 03 복제 함수

아래와 같이
함수 작성

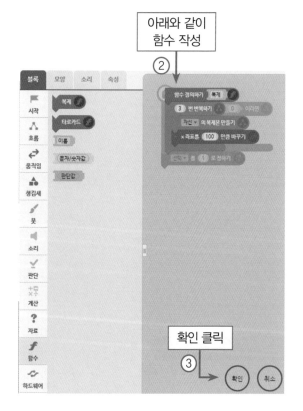

심화모의고사 2회 – 03 타로카드 함수

아래와 같이
함수 작성

②

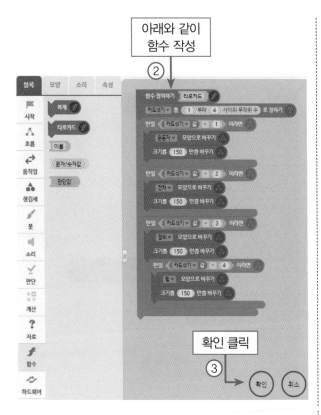

확인 클릭

③

심화모의고사 2회 – 04 잠자리채

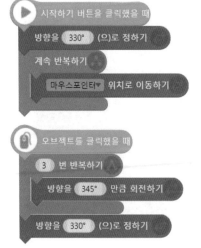

심화모의고사 2회 – 05 명중 함수

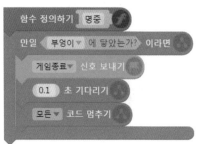

① 클릭

아래와 같이
함수 작성

②

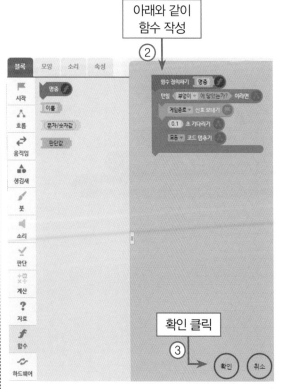

확인 클릭

③

기초모의고사 2회-06 혈액

시작하기 버튼을 클릭했을 때
x: 0 y: -110 위치로 이동하기
혈액1▼ 모양으로 바꾸기
크기를 200% (으)로 정하기

확인▼ 신호를 받았을 때
1 번 반복하기
  혈액3▼ 모양으로 바꾸기
  2 초 기다리기
모양▼ 를 모양▼ 값 로 정하기
판별

심화모의고사 2회 – 07 십이간지

시작하기 버튼을 클릭했을 때
x: 0 y: 0 위치로 이동하기
크기를 100 (으)로 정하기
선택
크기를 200 (으)로 정하기
색깔▼ 효과를 125 (으)로 정하기
소리 아기염소 울음소리▼ 2 초 재생하기

심화모의고사 2회 – 08 박쥐

시작하기 버튼을 클릭했을 때
x: 0 y: 180 위치로 이동하기
모양 숨기기
1 초 기다리기
모양 보이기
박쥐(1)_2 ▼ 모양으로 바꾸기
1 초 기다리기
박쥐(1)_2 ▼ 모양으로 바꾸기
3 초 동안 x: 0 y: -180 위치로 이동하기
박쥐(1)_1 ▼ 모양으로 바꾸기
0.2 초 기다리기
모양 숨기기
박쥐(1)_2 ▼ 모양으로 바꾸기
계속 반복하기
  위치▼ 를 1 부터 3 사이의 무작위 수 로 정하기
  1 초 기다리기
  모양 보이기
  만일 위치▼ 값 = 1 이라면
    x: -180 y: 180 위치로 이동하기
    3 초 동안 x: -180 y: -180 위치로 이동하기
  만일 위치▼ 값 = 2 이라면
    x: 0 y: 180 위치로 이동하기
    3 초 동안 x: 0 y: -180 위치로 이동하기
  만일 위치▼ 값 = 3 이라면
    x: 180 y: 180 위치로 이동하기
    3 초 동안 x: 180 y: -180 위치로 이동하기

심화모의고사 2회 – 09 고양이에게 먹이주기 함수

클릭 ①

아래와 같이
함수 작성
②

확인 클릭
③

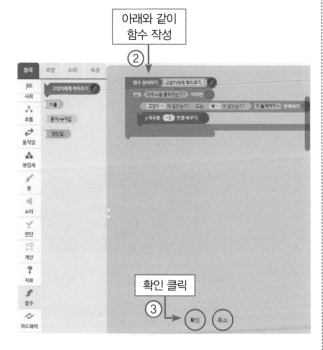

심화모의고사 2회 – 10 수행 함수

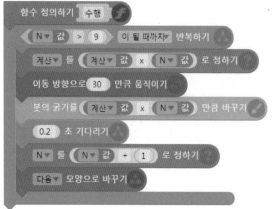

클릭 ①

아래와 같이
함수 작성
②

확인 클릭
③

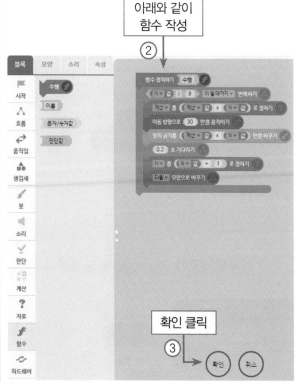

심화모의고사 3회 – 01 분홍다람쥐

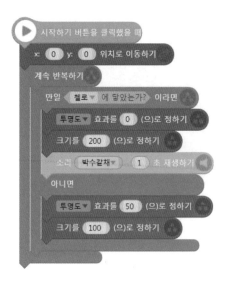

심화모의고사 3회 – 02 곰

심화모의고사 3회 – 03 슈팅 함수

함수 정의하기 슈팅

만일 엔트리봇▼ 에 닿았는가? 이라면

100 번 반복하기

방향을 15° 만큼 회전하기

클릭

아래와 같이
함수 작성

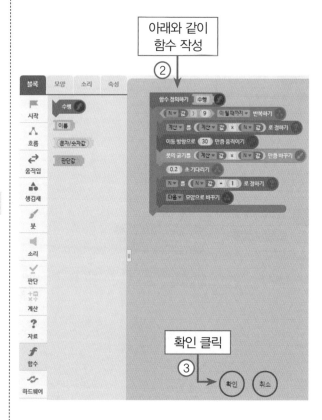

확인 클릭

심화모의고사 3회 – 04 신호

심화모의고사 3회 - 05 사용량 함수

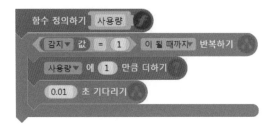

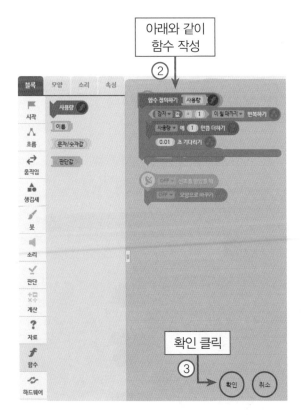

심화모의고사 3회 - 05 ON

심화모의고사 3회 - 06 낮잠 함수

일어남 함수

심화모의고사 3회 – 07 공부하는 엔트리봇

```
시작하기 버튼을 클릭했을 때
x: 0 y: 0 위치로 이동하기
N▼ 를 1 로 정하기
10 번 반복하기
    0.5 초 기다리기
    만일 < N▼ 값 = 3 > 또는 < N▼ 값 = 6 > 또는 < N▼ 값 = 9 > 이라면
        박수 짝 을(를) 말하기▼
    아니면
        N▼ 값 을(를) 말하기▼
    N▼ 에 1 만큼 더하기
```

심화모의고사 3회 – 08 농구공

심화모의고사 3회 – 09 상자

선물

```
시작하기 버튼을 클릭했을 때
생성▼ 를 1 부터 3 사이의 무작위 수 로 정하기
모양 숨기기
x: 0 y: 20 위치로 이동하기
만일 < 생성▼ 값 = 1 > 이라면
    머플러▼ 모양으로 바꾸기
만일 < 생성▼ 값 = 2 > 이라면
    기타▼ 모양으로 바꾸기
만일 < 생성▼ 값 = 3 > 이라면
    모자▼ 모양으로 바꾸기
```

심화모의고사 3회 – 10 차단여부 함수

① 클릭

아래와 같이
함수 작성
②

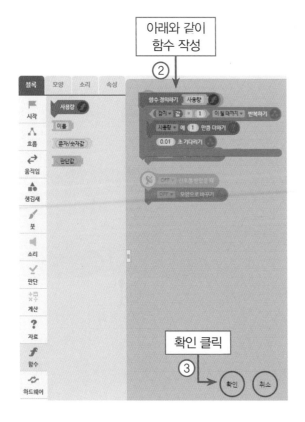

확인 클릭
③

초기화 함수

심화모의고사 4회 – 01 사과

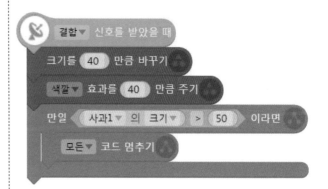

심화모의고사 4회 – 02 장면1 곰인형

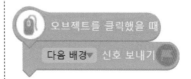

심화모의고사 4회 – 02 장면2 곰인형

심화모의고사 4회 – 03 엔트리봇

심화모의고사 4회 – 04 노랑새

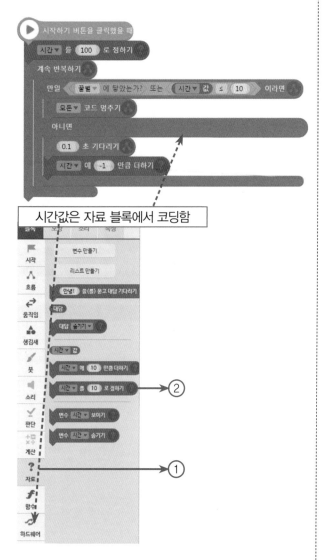

심화모의고사 4회 – 05 움직임 감지 센서

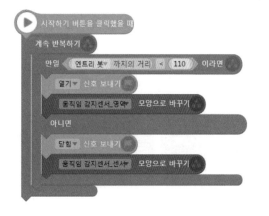

심화모의고사 4회 – 06 벽돌3 함수

함수 블록은 여러 개의 블록을 조합하여 하나의 이름으로 지정해서 새로운 기능을 만들 수 있는 명령어 블록입니다.

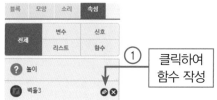

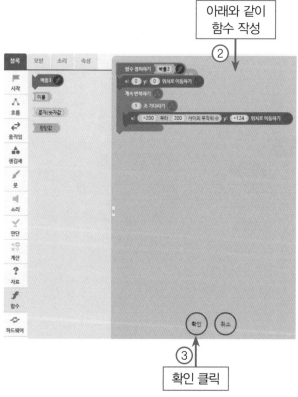

심화모의고사 4회 – 07 똑똑한 다람쥐

시작하기 버튼을 클릭했을 때
　대답 숨기기▼
　고양이의 나이를 입력하면 사람의 나이를 계산하도록 하겠습니 을(를) 2 초 동안 말하기▼
　계속 반복하기
　　고양이의 출생나이를 입력해 주세요.(숫자1~15) 을(를) 묻고 대답 기다리기
　　만일 대답 > 15 이라면
　　　출생 나이는 1~15살까지만 검색됩니다 을(를) 묻고 대답 기다리기
　　아니면
　　　고양이의 사람 나이는 과(와) 고양이▼ 의 대답 번째 항목 과(와) 살입니다. 를 합치기 를 합치기 을(를) 2 초 동안 말하기▼
　　1 초 기다리기

심화모의고사 4회 – 08 정사형의 둘레와 넓이 함수

함수 정의하기 정사각형의 둘레와 넓이
　정사각형 한 변의 길이는? 을(를) 묻고 대답 기다리기
　둘레▼ 를 대답 x 4 로 정하기
　넓이▼ 를 대답 x 대답 로 정하기
　둘레값은 과(와) 둘레▼ 값 를 합치기 을(를) 말하기▼
　1 초 기다리기
　넓이값은 과(와) 넓이▼ 값 를 합치기 을(를) 말하기▼
　1 초 기다리기
　다른 숫자로 계산 할려면 1을 그만 하려면 2를 누르세요 을(를) 묻고 대답 기다리기

함수 블록은 여러 개의 블록을 조합하여 하나의 이름으로
지정해서 새로운 기능을 만들 수 있는 명령어 블록입니다.

클릭하여
함수 작성

심화모의고사 4회 – 09 한라산 체

오브젝트를 클릭했을 때
　1 초 동안 x: 0 y: -50 위치로 이동하기
　크기를 150 (으)로 정하기
　엔 라고 글쓰기
　0.5 초 기다리기
　트 라고 뒤에 이어쓰기
　0.5 초 기다리기
　리 라고 뒤에 이어쓰기
　2 초 기다리기
　크기를 150 (으)로 정하기
　1 초 동안 x: -180 y: -90 위치로 이동하기

심화모의고사 4회 – 10 연필

원▼ 신호를 받았을 때
　모든 붓 지우기
　그리기 시작하기
　붓의 굵기를 3 (으)로 정하기
　360 번 반복하기
　　붓의 색을 무작위로 정하기
　　이동 방향으로 1 만큼 움직이기
　　이동 방향을 1° 만큼 회전하기

ENRT4

ENRTY

ENRT4